株式会社ブレインワークス
近藤 昇

だから中小企業のアジアビジネスは失敗する

カナリア書房

はじめに

ブレインワークスが神戸で創業してはや20年の歳月が過ぎた。わかりやすく言うと、バブル経済の崩壊と共に当社は産声を上げた。それにしても、厳しい時期に創業したものだ。振り返ってみるとつくづく実感する。

厳しいだけでなく、企業経営における環境もめまぐるしく変化している。多くの経営者は暗中模索の心境で、会社の舵取りを迫られている。日本国内の状況を見てもそれはよくわかる。インターネットの台頭による既存ビジネスモデルのドラスティックな変化が著しくなったのもそのひとつ。旧態依然とした考え方では立ち行かなくなるのは自明の理だ。しかし、すべてを新しいツールに置き換えて解決できるかといえば、そうではない。だから難しい。古き良き技術やノウハウも複雑化したビジネスの世界には不可欠な要素になることを、この20年でおおいに学んだ。

一方、バブル崩壊以後、さらに大きな課題が日本に突きつけられたことを忘れてはならない。それは、日本という国の存在感の低下である。戦後、驚異的な復興を遂げ、世界2位の経済大国に成長した日本は、アジアにおいても常にリーダーの存在だった。日本の経済成長の姿こそ、アジアの進むべき手本であり、象徴でもあった。ところが、現在の日本を多くのアジアの人々はそうは見ていない。いや、世界の国々もそうであろう。バブル経済の崩壊以後、日本経済の低迷は長きに渡り、その間、少子高齢化も伴い、かつての勢いは今はない。

その状況と併せて、多くの日本企業も岐路に立たされた。それは、マーケットが変わったという厳然たる事実に直面したからである。縮小する日本国内市場と併せ、不安定化する先進国の市場動向に身を任せれば、これからの時代を生き残ることはできない。これは多くの企業がリーマンショックなどを通じて身を持って実感しただろう。一方で、世界人口の約半数を有するアジア市場は、深い眠りから覚めたように猛スピードで成長の階段を駆け上っている。かつて、安価な人件費を頼りに、アジアで生産し、先進国でモノを売るというビジネスモデルで成長した日本企業にとって、この事実を受け入れることに時間がかかるのは無理もない。しかし、これも厳然たる事実なのである。海の向こうでは、かつての日本がそうであったように、急激な経済成長期が到来している。それも、アジアというエリアの国々が呼応するように成長の段階に入った。これほどまでに、急激で、大規模な新市場の到来はいまだなかっただろう。

このような時代の幕開けである。すでに、大企業は潤沢な資金のもと、さまざまな展開を準備している。私たち中小企業は何をすべきか。中小企業こそ、知恵と行動力を発揮すべきだろう。アジア各国に足を運び、文化に触れ、現地の人々と語り合う。このことを繰り返していくうちに、自らの発展はアジア各国の発展そのものであるという当たり前の事実に気づくはずだ。しかし、日本はその当たり前の事実に気づかず今日ここまでやってきた。私はセミナーなどの場で、『アジアとの共存共栄』をテーマに話をさせてもらう機会が多い。日本だけの繁栄を考えて、アジアでの商売が成功するわけがない。この当たり前の商売の原理原則を理解して行動すれば、中小企業が活躍できる場がアジア中に広がっている。

そして最後に、残念なことをひとつ述べたい。アジア各国をまわっていると、現地の企業の方々によく言われる。「日本人は口だけで実行しない」と。同じ日本人として悔しい想いもある。しかし、中国や韓国という国々がアジア中でスピードを武器に商売を成功させている事実も目の当たりにしている。成長を続けるアジアの都市の変遷を見続けていると、日本人がなかなか行動しないことに苛立ちを感じることすらある。「今、行動しないと」。ここ数年は、その想いを伝えたい一心でセミナーや講演活動に力も入れてきた。

本書は、創業以来、アジアを舞台に活動してきた私たちからの日本に対する警鐘でもあり、提案である。そして、中小企業こそ、アジアで主役になれると信じてやまない私たちのテーゼでもある。日本企業のアジア進出の一助になれば幸いである。

株式会社ブレインワークス　代表取締役　近藤昇

だから中小企業のアジアビジネスは失敗する●目次

第1章●日本とアジアと中小企業

第2章●知ることから始める～アジアビジネスチャンスをみつけるために～

第3章●アジアマーケットの可能性

第4章●先進国から新興国へ～先進国目線による落とし穴～

第5章●アジアビジネス成功のポイント

第6章●アジアビジネス成功への提言

第7章●先駆者に学ぶ〜アジアで成功する発想と行動とは?〜

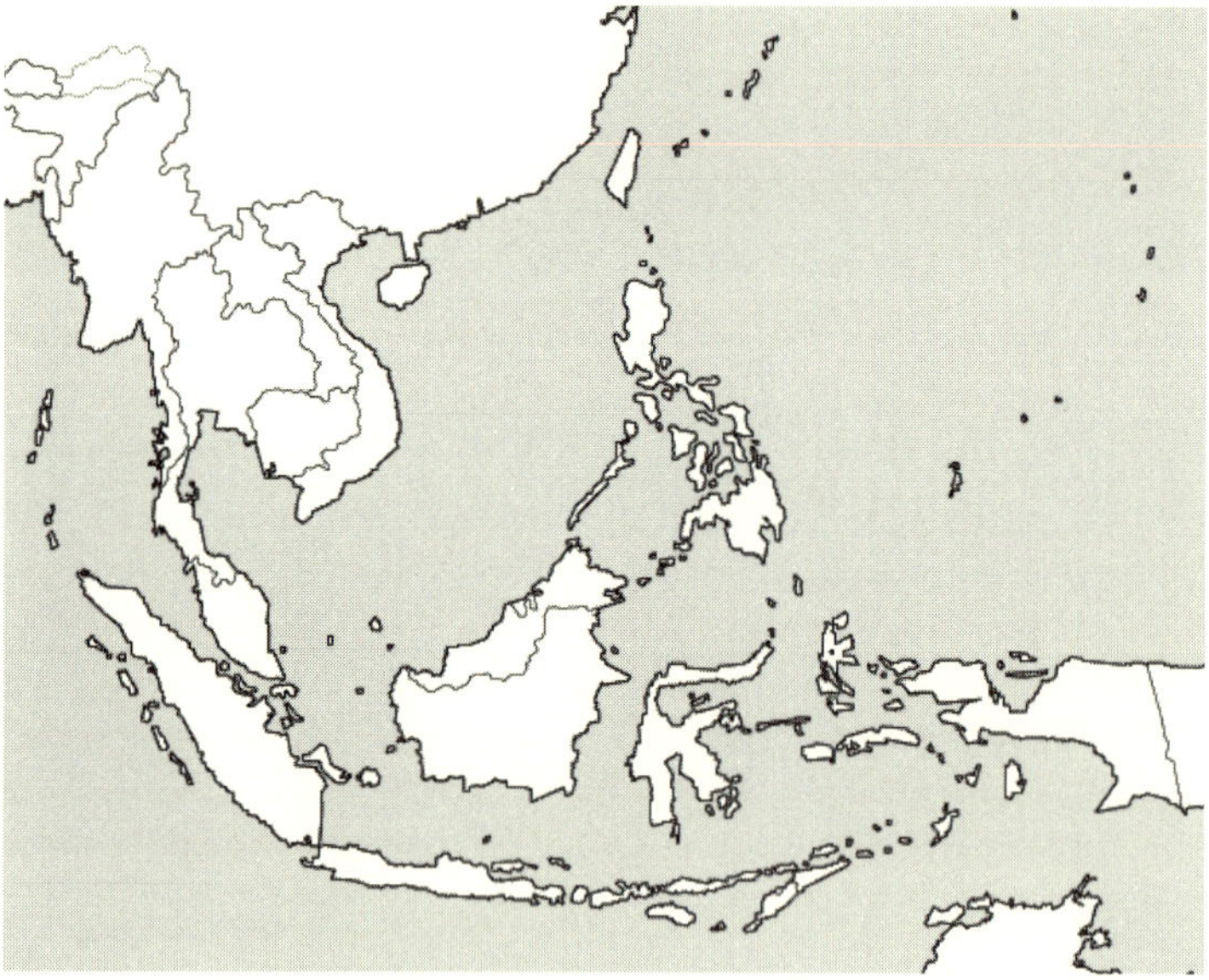

序章●実践の中で見えてきたアジアビジネス

アジアとの接点は約25年前に遡る

ブレインワークスという会社は創業当初からアジアに目を向けた、ちょっと珍しい会社である。私は大学で建築を学び、現場監督として活躍すべく、意気揚々と大手建設会社に入社をした。ところが、配属はなんと電算室だった。このまま建設会社にいても仕方がないと考え、約4年で辞めることになった。

その頃、約25年前の日本はパソコンが登場し、OA機器の絶頂期で、今から振り返るとITブームのさきがけのような時代だった。26歳の時に転職した会社が現在で言うところのIT技術者派遣会社。今でこそ、このような派遣会社は山のようにあるが当時は大変珍しかったと記憶している。

開発室長を任されることになり、エンジニアとして入社したところ、いきなり最初から中国人2人とマレーシア人3人が私の部下となった。極めて珍しいケースである。思わず私も「本当ですか?」と聞いてしまった。好む好まざるという選択の余地もない。イスラム教を信仰するマレーシア人と、1年後に天安門事件が勃発する中国人との仕事が始まった。

彼らと過ごした時間は2年間。アジア人と共に働く環境にあったことで、天安門事件も身近な問題として捉えられるようになった。そして、アジア人と働くことがなんら特別なことだと思わなくなった。これからアジアの人たちと共に働く時代が来るのだろうと実感することもできた。これが私のアジアビジネスの原体験である。

ブレインワークスは私が31歳の時、神戸で創業した。当初は子供服やベビーカーのリサイクル業などを手掛けていた。今のネットオークションのような仕組みを思い浮かべてもらえればわかりやすい。しかし、当時はインターネットもなかった時代。そんな中で創業から1年後に阪神大震災に見舞われた。

仕入れは車で行い、自宅の一室を倉庫として、妻にも見咎められながらやっていた事業。そうした中に震災が起こった。震災後、半年ほど交通網が完全に麻痺。配達も引き取りもできずに立ち行かなくなった。しかし、自分も食べていかなければならない。震災という外的要因からＩＴ事業への転換を図った。パソコン教室やソフトの開発をスタートさせ、システム構築の請け負い、ＩＴエンジニアの派遣なども行った。ＩＴ業界未経験の若者を採用し、一から教育して育てたりもした。会社は数年で１００人規模にまで拡大したが、同時にビジネスに対する面白みを感じられなくなっていた。

コンサルティングではなく「ペースメーカー」

これからアジアの時代となる予感を持っていたため、過去の人脈を頼りながら、創業間もない時期から中国・上海に乗り込んで、ＩＴエンジニア候補の中国人10名を日本に連れてきたりもした。上海は当時、建設ラッシュ。私は埃まみれの上海をどうにも好きになれなかったが、これはと思う人材と面接を繰り返す。日本語もわからず、オーバーアクション気味の中国人。そのアグレッシブさを見込んで日本に連れてきた。20年近く前のベンチャー企業の創業期というのは、現代と異なり、徹夜も当たり前、その辺にごろ寝してでも仕事をしていたものだ。しかし、そういう光景を中国人が見て、違和感を抱いたのであろう。その後は、ジョブホッピングもあったりしながら、半年後に全員いなくなってしまった。

ただ、それでめげるようなことはなかった。その後もしつこく上海に渡った。また、同じ頃、韓国ではベンチャーマッチングを仕掛けていた。ブロードバンド環境の整備は日本より韓国の方が先行していたこともあり、韓国のＩＴビジネスを日本に持ってきたら面白いと思ったからだ。韓国で企業マッチングやセミナーを行った時期もある。韓国企業との合弁会社も作った。映像のストリーミング技術がその頃は大きな価値を持っていた。その次は台湾だと思えば台湾に実際に行ってＢｔｏＢのマッチングビジネスを仕掛けた。

このようにブレインワークスという会社は、創業期から常にアジアを向いていた。しかし、当時から数えて10年くらいは、アジアビジネスにおける売上はないに等しかった。99％は日本の中小企業支援事業の売上で賄っていた。具体的に紹介すると、ＩＴサービスから人材教育、業務改善、セキュリティ、マーケティング、営業チームの構築支援などが挙げられる。中小企業の支援会社として、コンサルティングではなく、「ペースメーカー」と自負している。

アジアビジネスにおいても同様だが、私たちはあくまで自分たちが経験したことを、ノウハウという形に代えてお伝えしている。元々、コンサルティング会社として出発したわけではない。だから、机上の論理どおりに物事を進めていくこともしない。自らが中小企業であり、アジアビジネスにおいても現地でさまざまな経験をしたことをありのままに伝えている。ベトナムではすでに日本をＰＲする小売ショップやレストランなどの運営を自ら経験している。経験しなければ伝えられないことは数多くあるわけで、私たちが大切にしているビジネス観はここにある。ベトナムにおいて、中小企業としてＩＴ企業を作ったのも、日本では相当早い時期だ。それらの経験が貴重な財産になっている。

偶然と直感でスタートしたベトナム事業

「なぜベトナムで事業を始めたのですか？」このような質問をよく受ける。結論から言うと、何か計画的に物事を進めていたわけではない。市場調査を綿密に行ったわけでもない。ではなぜ、ベトナムだったかというと、単純に面白いと思えただけである。

今、日本においてミャンマーが空前のブームになっている。日本人は最後のフロンティアを求めて、ミャンマーに渡っているが、そのほとんどの行き先は商都ヤンゴンである。確かにそれがベターな選択かもしれない。しかし、私は首都であるネピドーがどうしても見てみたかった。そこで、昨年機会を得てベトナム人の友人たちとネピドーに向かったのだ。結果として、そこで見たネピドーこそ、これからのミャンマービジネスの起点になると確信できた。

ベトナム人経営者と一緒にミャンマーに行くと、貴重な話を聞くことができる。それは今のミャンマーがベトナムの15年前と同じ風景だということ。ベトナムの風景を見て、日本の30~40年前という方々は多い。しかし、ミャンマーを見てベトナムの15年前という時間軸の物差しで計れる人はなかなかいない。ベトナム人の多くの経営者から貴重なアドバイスを頂いたと思っている。

話をベトナムに戻そう。私たちがベトナムで事業を始めた理由も、実はこのミャンマーの話と同じである。当時、すでにベトナムで事業を進めていた人材サービスを提供する会社の経営者と懇意にしていた。彼は神戸のベンチャー仲間で、しきりに「ベトナムは面白い」と勧めてくる。何せ20年前のことである。まわりでベトナムを面白いなどと言う人は彼だけだ。ベトナムでＩＴ人材を育成する会社を作ろうとしきりに誘われた。当時は中国、韓国、台湾において何らかのビジネスを手掛けていたが、ベトナムはそれらの国にはない魅力をなんとなく感じた。ただそれだけだった。自分たちで市場調査をしたわけでもない。「あんたがそこまで言うんやから、やってみよか」とベトナムに一度も行かずに進出を決めた。ほとんど直感に近い。そこで作った小さな会社が、今のベトナムにおける法人の原型となった。

スタートしてみると、自分自身もベトナムを気に入ってしまった。ホーチミンに拠点を構えてすでに15年が経過した。私が頻繁に行き来するようになったのは約10年前からだ。とはいえ3～4年前までは、ベトナムで事業と言っても多くの人にとってはなかなか理解しがたいことだったようだ。多くのステークホルダーにも、あまりベトナムのことを表立って伝えることは控えてきた。なぜなら、不安視されるし、取引先にも理解されないためだ。未知のフロンティアでビジネスをスタートするとはそういいことであると今でも考えている。多くの人が認知し始めてからでは遅い。注目されていない時期こそ、絶好のチャンスなのだ。

だから、現状のにわかミャンマーブームには常に疑問を感じている。このようなブームになってから現地に行って何があるのか？　皆が行くから自分も、という考えでビジネスの成功をつかめるのか？　人が注目し始めた段階で、すでにチャンスは半減しているという感覚を持ってもらいたい。

ギャップになかなか気づかない日本人

アジアと日本には大きなギャップがある。これは当たり前だ。ビジネスにおいても、生活のあらゆる面においても、交通インフラから飲食店のサービスレベルまで、細かく挙げればきりがない。

私たちはその現状をアジア各国で体験しているので、常にアジアの目線で物事を考えるようになっている。つまり不便で当たり前。不衛生であり、停電もあるし、人間は遅刻もする。その上、約束を守らない。作った物は品質が悪い。こういうことが当たり前の世界で、いかにビジネスチャンスをつかまえるか。ここが大きなポイントになる。

とはいえ、私たち自身もその感覚が本当に身につくまで数年かかった。相当苦労したものだ。日本のやり方、レベルと比べるとその度にアジアとの差に疲れ果て、ストレスが溜まる。商習慣、法律、従業員との接し方、正直にいうとすべてがストレスになる。10年以上前から、ベトナムでこのことと格闘し続けてきたが本当に難しかった。今では、随分と変わりつつあるが、日本と比べればその差は歴然としている。当たり前のことだ。

アジア各国でどのように違いがあるかを聞かれる方も多い。私たちは中国も、ベトナム以外のメコン川流域各国でも事業を展開しているが、「日本だけが違う」と考えておくと理解がはやいと思う。もう少し詳しく言うと、アジアの中で日本だけが先に先進国の仲間入りをしたためだ。急伸的に成長した中国でも、サービスやビジネスのレベルを全体的に見るとまだ日本に並ばない。アジアにおいては日本だけが違う。

日本国内でも私たちは、そのことをセミナーなどの場でひとつひとつ説明するようにしていた。そして、現地にやってくる日本人のサポートや支援を行っていると、別の苦労が生まれる。アジアの中で、日本だけが違うことに気づかず、理解せず、現地にやってきて文句ばかりを言う日本人があまりにも多い。私たちもその苦労をしてきた一人である。「だから、自分たちで実際にやってみたらどうですか？　5年くらい経つとわかりますよ」と繰り返し伝えている。ただし、理解してもらうことは大変難しい。最初から日本と同じレベルの品質を求めてくる。そして、前出したように私たち自身に、「話が違う」と苦情を言うようになる。本当に「話が違う」ならば、私たちは10年もこの地でビジネスをしていない。現地で、生活をし、ビジネスをし、人と交わる。そうすることにより、見えてくるものがたくさんあることを伝えたい。

単にアジア市場が今後も堅調に伸びるという思惑だけで現地に行くと、期待値が先行してしまうためか、現実と直面し、諦めて帰ってくる。しかし、それほど簡単に現実は見えない。不便で、不衛生で、非合理的なところにこそ、ビジネスチャンスはある。それは、表面だけを見てまわっただけでは決して見つけることはできない。物事のはじめは泥臭くても、今の日本のビジネスレベルでは無駄に思えるようなことの連続なのだ。土着の感覚を知ろうと、自分たちがそこで、実際に始めて必死に動いてみなければ、社会の実態もつかめないし、現地の人も胸襟を開いてくれない。

こうしたことを繰り返しているから、日本は諸外国にどんどんと先を越されてしまう。同じ東アジアの国の中でも、中国、韓国、台湾はすでに東南アジアのどこの国でもビジネスを展開している。日本が最後のフロンティアとして期待するミャンマーですら、日本は完全に後手にまわっている。

アジアに好かれていると思いすぎの日本人

私たちはこれからも自分たちの経験やノウハウを伝えて、アジアに進出する中小企業を増やしたい。そして、ゆくゆくは日本が政治的にも本当の意味でアジアの国々のネットワークに参加できるようになってほしいと思っている。そのためには、ビジネス面からの働きかけ、民間の力で連携の基盤を固める方がスムーズだし、早く実現すると思う。とはいえ、私たちも進出支援をする者として、現地を見せながら人となりを選別しなくてはならない。例えば、進出先の国のことを一切考えずに、現地でひと儲けしてやろうと考える人たちがいる。アジアの人件費が安いことは日本人の誰もが認識している。しかし、安価な人件費だけを追求するようでは、いずれ日本人は誰からも相手にされなくなる。これからは、アジアに限らず世界との共存共栄の意識がなければならない。

それなのに、日本人はアジアを下に見る傾向が強い。逆に欧米に対するコンプレックスが強く、アジアに対しては傲岸不遜の態度をとることも多い。だから、日本人は現地を見て「不潔だ、不便だ、サービスが悪い」ということばかりを口にする。アジアはとんでもないところだという話をする方々にも多く接してきたが、考えてみてもらいたい。日本も40～50年前は同じ光景だったのである。「不潔で、不便で、サービスが悪い」国だったのである。その国が大きく変わろうとしていることに気づけない、気づこうとしない方々はアジアに出てきてほしくない。

そういう方々の最大の勘違いは「日本はアジアの羨望の的」と思い込んでいることだ。だから、不遜にもなるし、あぐらをかいたような行動をとる人がいる。今の日本の優れた技術を結集した製品を投入すれば、アジアの人々は喜んで買ってくれると思っている。しかし、20年アジアを見てきた私が断言できることは「アジアの人々はまるごと今の日本のようになりたいわけではない」ということだ。日本人は親切だし、信用できるし、アジアの中で一番発展しているからといって、ベトナムだけでなく、タイやミャンマー、どこの国でも日本人の評価は高いと日本人だけが思い込んでいる。確かにそうした時代はあったかもしれないが、今や時代遅れなのだ。そのことに気づいていないから、いまだに「親日の国はどこ？」というピントの外れたことを気にするようになる。

中国や韓国、台湾といった国々はそんなことを気にしていない。現地に住み込んで、現地の人々と共にビジネスをしている。一方で日本人は、アジアを見て文句は言うが、実際に現地に入り込んだビジネスをするまでに至らない。出てきても、安全で清潔な場所ばかりを望む。飲食店を展開する場合でも、ホテルや綺麗な商業施設ばかりを対象にする。このような、現地に歩みよらない日本人がアジアの人々に心から仲間と思われるわけがない。日本人の最大の弱点は己の過信にあるのだ。

真の「かけ橋ビジネス」を目指して

繰り返すが、私たちはコンサルタントではない。自分たちがやってきたことがノウハウとなり、その先にビジネスが成立するならばサービスとして提供するという方針だ。だからこそ、現在進行形で経験し、蓄積したノウハウを5年後、10年後のビジネスに活用し、拡大させていきたいと考えている。そのノウハウを活用するサービスを私たちはブリッジサービスと呼んでいる。

ブリッジサービスという名前はベトナム人とのやり取りがヒントをくれた。ベトナム企業に通訳を交えながら事業説明をしていた時、より伝わりやすいように「ブリッジサービス」と伝えた。そのベトナム人経営者はその名称が素晴らしいと気に入って、感激してくれたのだ。そんな出来事もあり、サービス名とさせてもらっている。ただし、私たちのブリッジサービスは日本人のためだけの橋であってはならないと考えている。現地との共存共栄。その大前提の上でサービスを推し進めたい。特に情報と人の「かけ橋」を積極的に行っていきたい。情報については、アジアと日本のギャップを埋めるべく、現地の実態を伝えていきたい。そして、人についてはビジネスの現場だけでなく、現地の方々と日本人を交流会やスポーツ

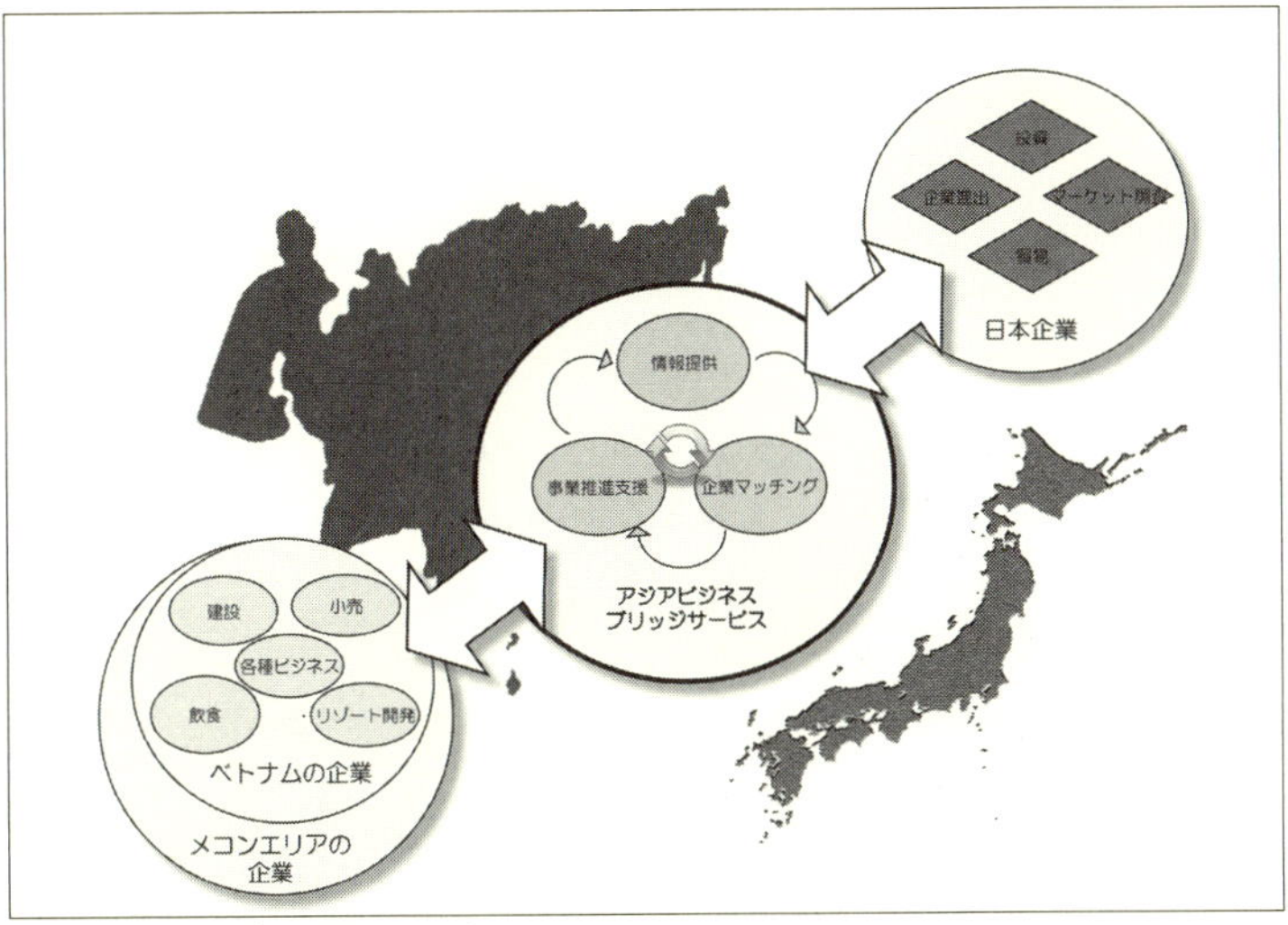

図1　アジアブリッジサービス

大会、コンサートなどの場を活用し、交流してもらう。

そして、アジアで直接関わっていきたい事業はまだまだある。例えば、農業や環境、建設分野だ。発展途上の国々には社会インフラが必要なことは誰もがわかる。どこまで関われるかはわからないが、長期的な視点で取り組んでいきたい。また、海外進出ラッシュの傾向にある外食産業の出店相談も多い。昨年は北関東で展開している焼肉屋チェーン店とベトナム・ホーチミンにおいて共同事業で焼肉レストランをオープンさせた。飲食店の展開については、今後、ベトナム国内はもちろんのこと、ミャンマーにおいても展開していく予定だ。

ブレインワークスが単独で運営しているジ

ャパンスタイルショップについては、日本の商品をアジアの方々に身近に触れてもらうコンセプトでスタートさせた。２０１１年11月にホーチミン市内のショッピングモールに出店をしている。今後はカンボジアやミャンマーといった国々への展開も予定する。弊社が推進するジャパンスタイル事業は一見小売業の形態に見えるが、日本の商品を売るだけでなく、日本という国の存在感を高める活動全般を包含している。日本人はアジアの国々で好印象であるが、情報発信やプロモーションは中国や韓国などの国々の方がうまい。ベトナムに数多くのテレビ番組が存在するが、韓国はドラマにバラエティー番組、歌番組と豊富なラインナップで毎日視聴できる。しかし、日本の番組は皆無の状態。テレビだけでなく、いたるところに韓国企業の看板が目立つ。これは何もベトナムに限ったことではない。アジアの国々に行くと、日本の存在感がどこか希薄なのだ。もちろん、日本の大手企業が浸透している国もある。しかし、中小企業がマーケット開拓を行う場合は、圧倒的不利な環境となっている。同じような商品であれば、露出の多い、韓国や中国製に流れてしまうのは無理もない。

日本の文化、料理、そしてマネジメント手法などさまざまなものがジャパンスタイル活動の領域に入る。こうしたものを伝える活動をしながら事業を進めている。

こうした活動を通じ、日本だけでなく、現地の繁栄にも通じる「かけ橋ビジネス」をこれからも展開していきたい。

序章として、長々と説明させてもらったが、本編に入る前に私たちのアジアビジネスのスタンスをお伝えしておきたかった。私たちはアジアビジネスの実践において、多くの失敗も積み重ね、現地において貴重な経験も積むこともできた。本編においても実践からの経験則を重視する私たちのメッセージである。

「やってみなければ何もわからない」私たちの考え方の根底はここにある。

第1章●日本とアジアと中小企業

2011年の始めに、私にとって大変興味深い記事が日本経済新聞に掲載された。この数年前から中国一辺倒で海外ビジネスを行っていた日本企業の間で、中国展開へのリスクヘッジとして、その次はどの国が有力か、いわゆる「チャイナ・プラスワン」を求める声が高まっていた時期だった。記事の内容は上場企業と中小企業に分け、進出したいアジアの国を複数回答可とし、全体数に対する比率を求めたものだ。そこでは中小企業の回答では中国の次にベトナムが登場している。中国とほぼ同時に「BRICs」として注目を集めていたインドを僅差でかわしての結果であった。また、上場企業においても第3位としてベトナムが挙がっている。これに、インドネシア、タイ、マレーシアが続く。

弊社は今、主に東南アジアでのビジネスに注力している。中小企業こそアジアで活躍できるという思いを信念に、ベトナム他アジアの各国のパートナー企業と連携したり、産官学の連携で日本にアジアの魅力を伝えている。同時に、実際に企業がアジアビジネスを展開する際の全面的な支援を行うべく、日々邁進している。しかし当時私は初めからアジアがこのように発展するとは思ってもみなかった。序章で弊社設立の経緯を紹介したが、外国人に接する姿勢や行動、現在弊社がサービスとして提供している要素はすべてにおいて、私がアジア人と共に働いた20代に原点がある。たまたま、私の経験が生かせる分野と時代がマッチした幸運に感謝しながら、なぜアジアが有望なのか、その理由をさまざまな角度からのデータと私たちがこれまでに現地で体験したり、実践してきたことと併せて10～20年後のアジアへの水先案内としたい。

中小企業の可能性を知る

総じてアジアの人々は日本人に対して、敬意を持って接してくれる。私は、アジアを歩いて身をもって実感した。歴史的にも17世紀にアユタヤ朝（現在のタイ）で貿易商として頭角を現し、王国の内乱をも収め王から官位を受けた山田長政など、名を残すような貢献をした日本人がいる。また、多額のODAなど現地の国々に貢献してきたこと、あるいは世界に名を轟かせた戦後復興の奇跡、数々の世界的に有名な日本製品から、こと東南アジアの人々は日本への親和性があるようだ。特別の親日派でなくても日本人は人間として信頼されているのだが、こと中小企業などで技術者として努めた方やベンチャーとして一から起業した方へのまなざしは別格だ。

アジアは今、世界から注目と資本を集め、経済は大きく変化をしている。ただ、この急速な発展のための課題が明確にある。アジアの中でもすでに対外誘致政策が濫立するようになった。そのためには自国が外国から選ばれる国でなければいけない。こうした危機感を抱き、自国のビジネスのレベルを上げることにアジアの経営者はかなり注力している。

こうした環境において、戦後の日本を創ってきたプロから学びたいというアジアの人々の

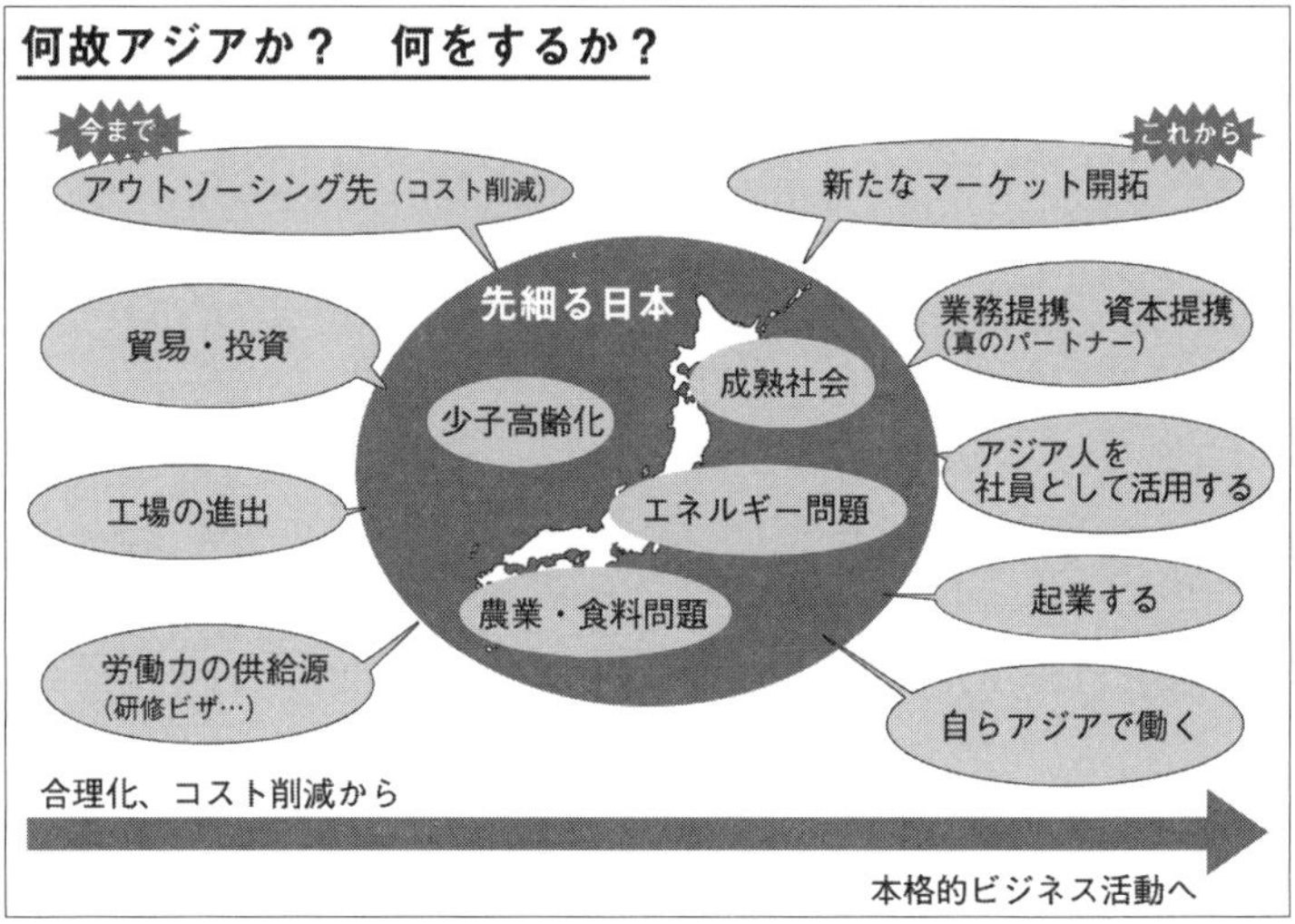

図2　何故アジアか？　何をするか？

声は日増しに高まっており、話を聞く度に想いの強さを感じる。彼らは、そのノウハウの源をこと同じアジアの日本に向けているのだ。これは同時に、日本経済にとって今後二度はない最大のチャンスである。かつて日本の成長を支えた日本の中小企業が、アジアという成長するマーケットの根幹に関わりアジアと共生する時代の牽引役として活躍できる可能性が私の目には明確に映っている。光栄にもアジアビジネス関連のセミナーに講師として招かれることが多くなった。参加者は経営者や経営幹部が主である。その中でポジティブな考え方を持ち、真剣な目をこちらに向けてくださる方は年々増えたし、その期待に私も応えたいと張り切っている。成功しているかどうかはともかく、大企業の多くがアジア進出を進めている。しかし、中小企業こそアジアに進出してほしいと願う私の思いとは裏腹に、ビジネスチャンスに気づかないことを理由に企業が早々に諦めている。そうした全国の中小企業にアジアの最前線の情報をお伝えし、弊社の経験から得たアジアビジネスを成功させるノウハウを発信しようと考えている。

中小は中小と組みたい～アジアに出れば中小企業も大企業

アジア新興国の経営者の思いを代弁させていただくと、彼らは当然、外国企業の下請けとなることは考えていない。新興国は今、世界から注目されている。このチャンスを逃すまいと必死である。先進国のビジネススキルを早く身に付け、世界で通用する一流企業の仲間入りをしようといった貪欲さが原動力となっている。私が中小企業に向けてアジア進出を強調する理由はここにもある。アジアは、昔の日本を思い出させる場所なのだ。

世界に名高いソニーやパナソニックといった企業も、高度成長期に差し掛かった頃は中小企業であった。ベンチャーから一歩ずつ階段を上り、大企業となった。今日の日本における企業のヒエラルキー構造ははじめからできあがったものではない。アジアの新興国に目を向ければ、世界に名をはせる大企業はわずかである。つまり、高度経済成長期を迎えた頃の日本と同じく、現在のアジアは大企業が生まれる黎明期なのである。アジアでビジネスを行う相手も大半の企業は日本で言うところの中小企業である。私はこうした点でも対等で信頼の

置ける関係が結べると考えている。経済をリードできる大企業がまだ多くはない状態であるので、日本の中小企業にもマーケットに参入するチャンスがある。

日本の技術や日本式のマネジメントを日本企業からアジアの人々へ。そして、アジアの人々からは社会の活気や人を生かす場を提供してもらう。アジアに限らず世界のどこでも、日本のものを必要としている人々へ伝えていけば良い。今後10年くらいは日本からも十分に商圏として考えることのできるのがアジアにある、ということだ。

今の日本を、弊社の主たるクライアントである中小企業を見て、この企業たちが一番輝いていた時代はいつだったろうかと思いを馳せる。するとこの答えはやはり高度経済成長期なのである。敗戦後30年経たない間にオリンピックや万博といった国際的なイベントが数々行われ、その復興状況で世界に驚きを与えた日本。バッシングを受けるほどに技術力や製品力の高さを誇った日本。私はふと気づく。アジアは今、またこれから日本と似たような道を歩いていくのではないか。

実際、スポーツ大会やコンサートなどのイベントを含め、国際会議の開催地として、またビジネスでもアジアの新興国は注目を集めつつある。ただし、そこにはまだ技術やサービスの質が不足している。これを学ぶべく研修生や労働者の受け入れは行われているが、どうしても少人数に限られてしまう。日本と全く同じ道を通る必要はない。今最も彼らに喜ばれるのは日本のあらゆる産業における中小企業が連合して、仕事や技術をアジアの国々に伝え、教えることである。そして、成功、成長する実感を共に働きながら、分かち合うことだと確信している。

知られざる日本、知られざる日本人

日本と聞くと、アジアの人々は何と答えるかご存知だろうか。

「サムライ」、「サクラ」、「カイゼン」、「トヨタ」、「カラオケ」など、意外と多様である。

これだけをお伝えすると、やはり日本はアジアで人気があるという印象を持たれるかもしれないが、実態は得てして異なっているものだ。

例えば、日本人であれば一生に一度は足を運んだことがあるであろう「京都」。しかし、日本地図を目の前に出して、京都を指してくださいと言っても現地に住む一般のアジアの人々にはわかるまい。京都にどのような魅力があるのか、なぜ人気があるのか、理解し納得しなければ人は物事に価値を見出すことはできない。それに、私は四国の徳島県出身だが、関東圏の友人にも四国四県の位置を迷いなく並べられる人は意外に少ない。日本国内といえど、大きな出来事があったとか、自分に身近な場所でなければ期待するほど知られていないものだ。

アジアの人々は、日本の文化や日本人を知らない。まずそのことを認識することからアジアビジネスは始まる。つまり、お互いに初対面で、背景も何も知らない者同士であるという前提で話し、親交を深めていかねばならない。こうした点では、韓国にかなり水をあけられている。韓国は、昔は安かろう悪かろうというイメージを持たれる時代があった。しかし、今ではなんと音楽にファッションにと、韓国人スターの真似をするアジアの若者が多いことか。街で、周囲とは少し違う趣向の人を見かけるとたいてい韓国がお手本だという。韓国文化は若者から圧倒的な支持を得ているのだ。

私は、日々アジアで活動している中で、外から日本を眺めて日本の良さを改めて実感することが多い。最も、その逆に悪い面も目に入るが、良い面を中心に話を進めると、そのひと

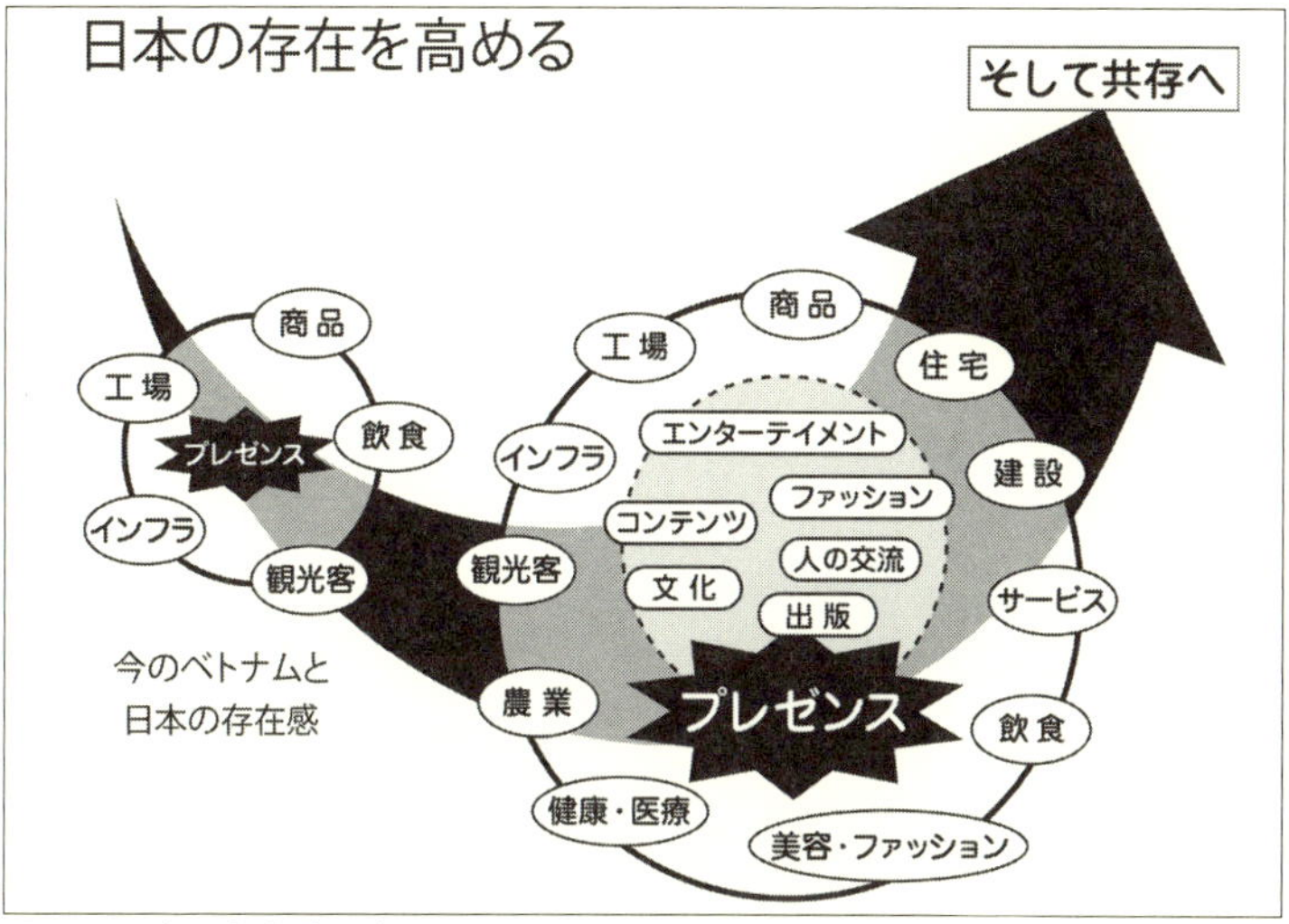

図３　日本の存在感を高める

つが、日本自体が有するブランド力だ。

アジアの各国には、日本の商品を信頼している人が実に多い。これは、すでにいくつかの統計データでも証明されている。実際上海でも香港でもシンガポールでも、誰に聞いても日本の商品に対する信頼度の高さがうかがえる。新興国のベトナム、カンボジアなどでも変わらない。日本の中古品でもブランド価値の高いことは一部の人の間では知られている。あるアジアの国の新品より、日本の中古品が好まれる。値段が高くても選ばれるのである。日本でも中古品マーケットは産業として認知され、アジアでもこれからは中古品マーケットは有望になるだろう。

弊社では昨年から、ジャパンスタイルというオリジナルの統一ブランドの構築を進めている。簡単に説明すると、商品や製品そのものは言うまでもなく、日本人が関与する商売、ものづくり、サービス、教育、組織運営などのノウハウなども含めて、日本が誇るブランドとして確立していこうという当社の戦略のひとつである。この取り組みは後述したい。

日本には世界に誇れる経験とノウハウがある

日本人が世界や経済、これまでの歴史において果たした役割は大きい。島国固有の文化、歴史から、明治における近代化政策の成功、第二次世界大戦後の復興と経済大国への躍進。また世界有数の企業を育てあげたことひとつをとっても十分に誇りを持つことのできる要素である。アジアの経営者たちも、自社をいつか世界に名を知らしめるすばらしい会社にしたいと願っており、ノウハウや方法を知りたがっていることはすでに述べたとおりだ。しかし、中国にGDPは抜かれ、電気メーカーは韓国勢に圧倒され、いまや日本は大ピンチである。火を見るより明らかだが、世界第2位に君臨した経済大国日本は、今や下り坂を加速しながら転げ落ちている。特に「技術立国日本」として世界に認知された時代が懐かしいと思えるほど、先行き不安が蔓延している。おそらく、本書を手に取られた読者の皆様も、同じように感じておられるであろう。

そんな背景の中、国も挙げて日本の技術、ノウハウや強みをアジアや世界に輸出しようとする取り組みが本格化する兆しがある。健康医療、建設、ＩＣＴシステム、農業技術、環境対策など、世界の中でもトップレベルの技術やノウハウ、システムを有している分野はいくつかある。とりわけ、さまざまな技術要素、ノウハウやしくみを複合的に組み合わせる必要があるスマートシティのテーマは、日本が得意とし、世界も期待するところが大きい。日本が挽回を図り、また世界に存在感を示すことのできる部分だと思える。

ホテルの飲食店でスタッフが笑顔で対応する。日本人にとっては当たり前のことだが、アジアでは「おもてなし」の心といっても通じない。そのため、一からサービスとは何か、それをすることで何が生じるのか、ということを根気よく教えていかなければならない。おもてなしは形式的にさせるものではないという方もおられるだろうが、実際にやらせてみて、お客様からフィードバックを得ながらでなければ理解できない。概念を覚えさせるには実践と反復が必要だ。日本人も、場の空気を感じて動くことが最初からできたわけではない。本人が気づいていないだけで、子供の頃から日本人はこの感覚に日常的に遭遇し、何度もそれを経験して知って自然と身に付いただけなのだ。ならば、アジアの人にも反復すればおもてなしを実現することは可能なはずだ。

列挙し始めればきりがないが、アジアで商売をするためには、この日本の強みを、その国で生かす発想が大切だ。ただし、そのまま日本の形式を持ち込んでもうまくいかないケースもある。現地のニーズによって、カスタマイズも考慮していくべきであろう。この『日本流』

はアジアの人々には新鮮に映るはずだ。ここに大きなビジネスチャンスがあることを覚えておきたい。

国と国の関係を超えた信頼関係

日本は、外交政策が下手だと揶揄されながらも世界で最も門戸の広い入り口を持っていることをご存じだろうか。ビザに関する細則はともかく、パスポートがあれば出入国を受け入れることのできる相手国が190余の国と世界で最も数が多いのが日本なのだ。

私はビジネスはたった一人の人が国に降り立つことから始まると考えている。どんなビジネスも、初めは個人が目で見て、ひとつの国と出会い、本気でその国に根ざして商売をしようと思うかどうかだ。

弊社はベトナムで事業を行っているが、社会主義国であるというイメージが先行して「政府とのつながりがあるのか?」と質問を受けることが多い。国家体制が理由で国と結びつきがないとビジネスができないと思い込んでいるようだ。大切なのは、現地パートナーとの信頼関係であることを忘れないでほしい。

私は「袖すり合う縁」を大切にしたいタイプだ。ビジネスであってもたまたまの縁を楽し

む。例えば、交流会や経営者の集まりに参加した際にも名刺稼ぎが目的ではないため、必ずしも多くの人とは名刺交換をしない。偶然、背中が当たった。たまたま、隅で一緒になった。あるいは空港の待合室で出会った、などなど。この程度のきっかけで知り合った社長の方々と今も良い関係が続いているし、それが実に楽しい。特に日本以外のアジアではこういう感覚が重要だと思う。アジアでビジネスをするということは、本当に未知数なことが多い。理屈やデータだけで物事を進めることはできない。

サラリーマンならいざ知らず、私は経営者には直感が大切だと考えている。だからこそ、「袖すり合う縁」を生かせるエネルギーと意志を持った経営者にアジアを目指して欲しいのである。余談ではあるが、弊社はアジアビジネス交流会というイベントを定期的に開催しており、毎回元気でチャレンジ精神の旺盛な方々に多く集まっていただいている。そのような方々が集まると自然と場が盛り上がり、お互いに刺激を受ける。そして、斬新な発想が生まれる。こうした好循環を生み出すにも、自分とは違う価値観を持った日本、アジアの経営者たちとの親交を深めることが大切だと考えている。

ストレスのない仕事

アジアの暮らしを見ていると日本は世界の中で最もストレスが溜まる国ではないかと実感する。先進国の中でも自殺者が多く、うつ病患者も100万人を超えたと伝えるメディアもある。感覚的には年々ストレス社会が悪化していると感じる。対照的に、アジアに出れば、皆陽気でストレスなど感じていないかのようだ。この違いはどこにあるか。私なりに考えると、それはやはり経済の段階の差だと思う。

今、日本の国内で商売をするには大変厳しい時代である。顧客から、株主から、行政から、さまざまに監視されながら生き残ることに必死になっている。それに対してアジア新興国は、消費意欲や購買力がこれから一層高まっていく。ビジネスは、少し頑張ってトライしたこと

が顧客に喜ばれて売上という会社の成果につながるという繰り返しの時期が最も楽しい。だから、成熟しきった日本よりはまだまだ伸びしろのあるアジアで現場に触れて、成果を眼前で見て感じることができる環境は、社員にとってもやりがいを感じることができて、自信につながる。自信を持てば、次の仕事でも成果を出そうと頑張ることができる。

アジアは人口が毎日のように増えている。右肩上がりの国が多い。そういう場所では、モノやサービスは大きな差別化や工夫をしなくても売れる。ひところの日本と同じ姿である。例えば、東京オリンピックの始まる前にはカラーテレビが飛ぶように売れた。各家庭に一台というキャッチコピーがあった。この時代のテレビに特別な機能が内蔵されていたとはおよそ考えられない。他と同じものでも売れた時代だったのだ。モノが十分ないところにモノを持っていけば売れる。アジアはそういう場所であるということを、改めて認識してもらいたい。今の彼らが求めているモノやサービスを提供するのが一番の商売になる。そして、何が求められているのかはかつての日本が同じだったということと照らし合わせれば類推できることだ。

アジアビジネスへのチャレンジは、自らが培ってきた技術がそのまま喜ばれるだけでなく、後世へ継承できる道でもある。技術者にとって、自分が手がけたものが残ることの喜びを私も理解しているつもりだ。だから、アジアには日本の高度成長期を支えた中小企業にこそ未来とチャンスがあると信じている。

第2章 ● 知ることから始める

～アジアビジネスチャンスをみつけるために～

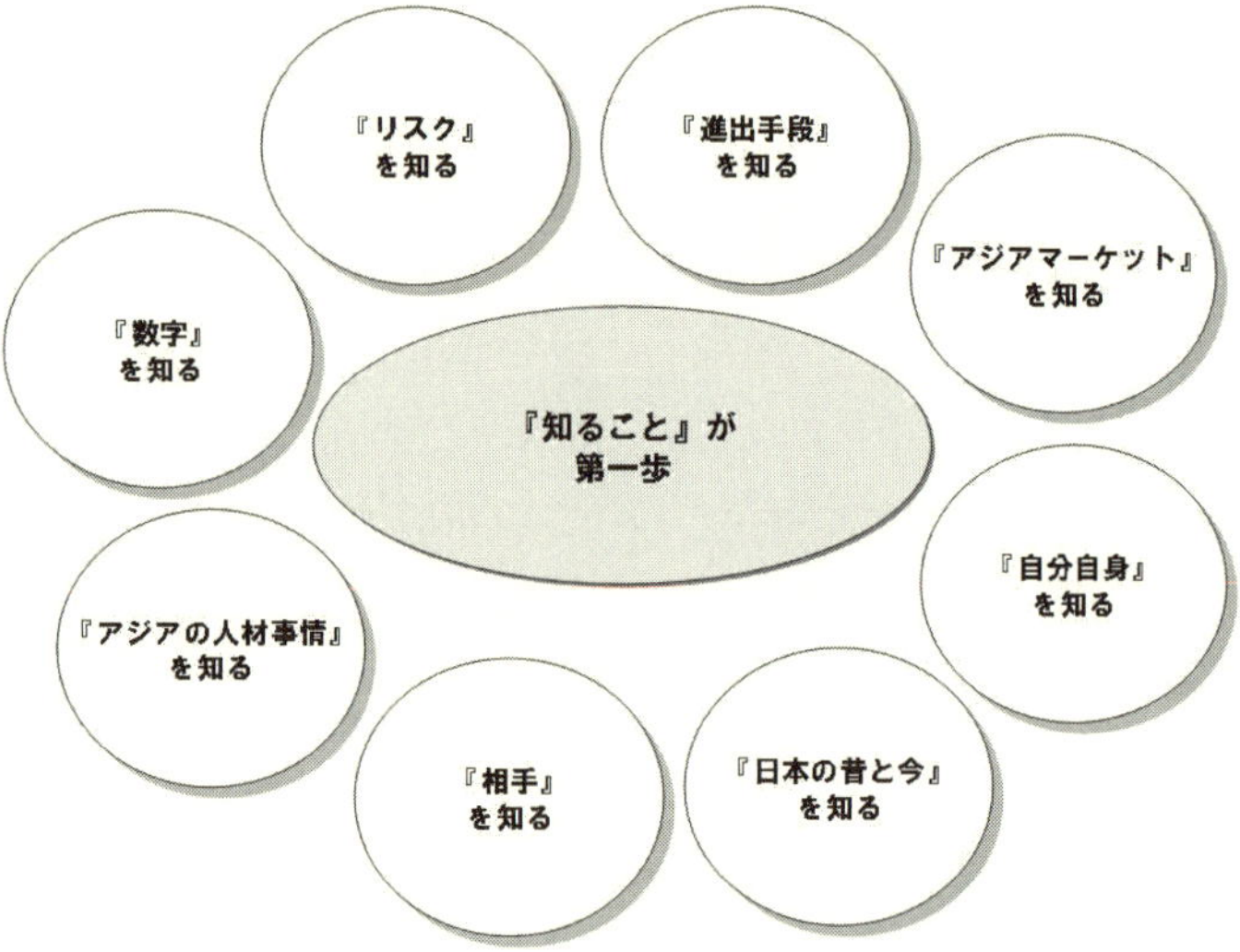

昨今、メディアによるアジア特集が増えている。新聞を開けばアジア記事の紙面、見出しが毎日掲載されるようになった。日本がアジア圏にいるため、なんとなく見過ごしてしまいそうになるのだが、実は経営者にとってとても大きな変化である。わずか10年前でもアジアといえば商圏として、中国、香港、台湾、韓国のあたりしか想像できなかったものだ。海外ビジネスとは主に欧米のことを指し、アジアはあくまでハブの要素としてしか扱われてこなかった。まして新興国、中でも東南アジアの勃興など5年前からのことである。

本章ではまず、アジアビジネスに乗り出す前に知ることを第一歩としてもらいたい。知ることにより、さまざまな知恵や発想が生まれてくるはずだ。

自分自身を知る

出鼻を挫くようではあるが、創業時からアジアで活動してきた私たちから見ると、アジア進出を考える際には「そう浮かれている場合ではない、楽観的な市場が待っているわけではない」とつい警鐘を鳴らしたくなる。前出のとおり、アジアの新興国の面々は、日本だけを相手としているわけではない。まして、日本に対してだけビジネスの参入、企業の進出を歓迎しているわけでもない。世界を見渡せば日本のような先進国は他にも数多くあり、先進国は皆、新しいマーケットとしてアジアを狙っているのだ。当然、中国、また急激な勢いで発展しようとしている当事者の新興国も、アジアの覇権を握るべくマーケットを攻めているし、経済成長の勢いにも乗ってその動きはスピーディーだ。

アジアビジネスに対して相談を受ける際に、ベトナムでマーケットを取ろう、中国でIT開発をしようなど、国単位でビジネスを論じることには待ってもらいたい。

例えば、ベトナムでマーケットを取ろうというのは、日本全体のシェアを照準にすることと同じである。ホーチミン市でも人口の規模から考えれば、東京、少なくとも大阪で勝負をするようなものである。まして、いきなり外国の全土を見据えたビジネスを捉えようとすれば、正直にいうと中小企業の範疇外になる。身の丈にあった戦略を講じなければ、絵に描いた餅に終わってしまう。一方、上海やシンガポールなどを見ると、日本とさして変わらない激しい競争が待ち受けている。

ビジネスの形態や製品、サービスレベルの位置づけを明確にすれば、進出都市、国はおのずと定まってくる。くれぐれも、身の丈に合った商売から始めるということを忘れないでほしい。

日本の昔と今を知る

アジアでは、都市部はにぎわい、発展の様子を感じることができるが、現地の人が通う飲食店などでは料理のまわりにハエが飛んでいるくらい、まだ不衛生である。ベトナムなどはビールに氷を入れて飲むが、この氷はどんな水で作った氷なのか、など疑い出したらきりがない。東南アジアを訪れて最初に何か手酷いことが起こると、それが理由でその国自体が嫌いにもなる。サービスも悪いし、不潔。雑然としている。外を見渡せば、車やバイクの排気ガスでなんだが空気が汚れているように感じる。川に目を向ければ、ヘドロが漂うドブ川のよう…。アジアは都市部といえど、こうした未整備の要素を内包したまま成長を道を歩んでいる。そういう話を伝え聞いた都会育ちの方は、聞いただけで絶対に行きたくない、ビジネスなんてとんでもないと思ってしまう。これでは、ビジネスチャンスどころではない。日本

は先進国かもしれないが、世界中の比率で考えれば、日本のような便利で衛生的過ぎる国は他には見当たらない。これから、アジアや世界で死に物狂いで活動していかないといけない日本人としては、この面からも不利なのである。

そこで考えていただきたいのが、数十年前の日本の田舎の姿である。私は徳島の農家出身で、小さい頃は実家の手伝いをしていたから、大量の農薬が散布される光景を見てきた。それに、ご飯を土間に落とそうものなら拾ってでも食べなさいと言われて育った世代だ。また急激な成長の影に、水銀や排気ガスなどの四大公害問題が大きく取り上げられた時期も経験している。

つまり、今のアジアは日本がかつて通った

道の上にある。特に日本の若い人たちはこうしたことを理解しておかないとアジアはいつまでも「けしからん国」で、彼らに上から目線でえらぶるような態度をしてしまう。他にも、温故知新ではないが、改めて日本やアジアのことを知った上で、これからのビジネスを見てほしい。チャンスに気づけるのは、昔の日本を知ってこそなのである。

相手を知る

ミャンマーは日本にとって、少し前までまったくと言ってよいほど未知の国であった。にもかかわらず、日本はアジア新興国への進出で出遅れたからこそ、「このミャンマーで勝負しよう、絶好のチャンス」だと色めき立ち、メディアともども途端に飛びついた感がある。「ミャンマーは親日国でもあるし、相手も待っているはず」という思惑が先行した形であろう。私もミャンマーには何度も足を運んでいるし、弊社でもビジネス拠点の設立に向けて準備を以前から進めている。当然、にわかブームに同調するのではなく明確な視点を持った上でのことだ。

これまでの歴史的背景の流れの中で、今ミャンマーが注目されているのは一義的に工場進出が理由だろう。特に繊維関係の労働力確保では大きなアドバンテージがある。また英語も堪能で、ＩＴ分野も潜在能力は高い。この一連の動きを、経営者の合理的な経営判断に基づく動きととれば、とても理にかなっているし、優れた采配だといえよう。コスト削減はどの企業にとっても死活問題である。

しかし、実はこのミャンマーですら、すでに他国は進出を始めている。日本は結局、どこに行っても出遅れているのである。

日本のことを知りたがっているアジアの人々は確かに存在している。その上で、間違ってはならないのは、日本と社会状況や発達状況の異なる国々ではアプローチが異なるということだ。役に立つのは、日本が歩んできたアプローチそのものではない。新興国から見て、先進国の過去の発展の途上で、参考にしたい事例と参考にしたくない事例がある。良いも悪いも、日本はその完成形を自ら作り上げてきた経緯がある。完成形を知っている強みはあるので、あとはそこまでに至るプロセスをその国にあてはめて考えてみれば答えは絞られる。そして、環境の異なる国々へのアプローチ方法も、おのずと見つかるはずだ。

アジアの人材事情を知る

これには日本人も含めて伝えておきたい。日本人だからとか中国人、韓国人、ベトナム人と国民性ですべてが区別できないと私は考えている。

例えば、ベトナムで事業をするのであれば現地人の比率が高くなるのは当然のことだ。製造業の中国の工場でも、１０００人規模の工員がいたとして、うち日本人は数名いれば成立するだろう。責任者やリーダーにはコストと言葉、生活・ビジネス習慣の共有、理解は当然必要だ。そして、現地での人のマネジメントや教育も必要である。日本では当たり前のことであるから、現地でもトライしなければならないのだが、たいていの人が、そのギャップに悩み苦しみ志半ばでめげていく。「○○人は××だから…」。こんな思い込みが、さらに悩みを助長させる。結果として、うまくいくものもうまくいかない。知ることは大切なことだが、思い込みは逆に作用するケースが多い。特に、日本人はステレオタイプに区別したがる。気をつけたい。

一方で、人種による価値観の違いなどは宗教が関係しているという人も少なくない。それを言うならば、私自身は気候が大きく影響していると言いたい。例えば、日本でも、北海道の人と沖縄の人は気質が異なるのはご理解いただけるであろう。語弊を恐れず言えば、北海道はアリで、沖縄はキリギリスのイメージだろうか。同じように考えると、日本人はアリで、東南アジアはキリギリスだと思う。寒くならないために、飢えることもない。食糧ひとつとっても、コツコツためる習慣のない人たちだったのだろう。ベトナムの場合、国土が南北に長いので首都のハノイと南のホーチミンの人の気質は全く違う。ベトナムとタイとラオスとカンボジアを比べると、基本的に気候は似ていて、暑い国同士、同じような考え方や習慣を持っている。

また、「○○人は自分のことしか考えていない」と嘆く人も多い。しかし、これは正論だろうか？　そもそも人間の本質を考えると、貧困な暮らしをしている時は自分や家族のことしか考えなくなるのは当然のこと。私は1994年の阪神大震災をまさに中心地の神戸で経験したが、その時、行儀が良いと言われる日本人でも水や食糧が運ばれてきたトラックに我先にと駆け寄り、整列して順番を待つ人はいなかった。今の日本の若い人たちは、自分たちがいかに恵まれた環境にいるかを知って、これから同僚になるであろうアジアの人が同じ人間だということにもっと目を向けないとコミュニケーションなど取れない。

結局のところ、人材に関しては教育が焦点になる。納期とか工夫やおもてなしといったことは日本人の方が得意な面があるのだろうが、今の状態でアジアの人々にはできないと断言してしまうことはあまりにも短絡的である。サービスとは何かを一から説明して、教え、できる人には報酬を出すという仕組みを作れば彼らも懸命に取り組むことができるし、着実にできるようになる。

上海の浦東空港では、ちょうど万博やオリンピックの少し前から入管の対応に劇的な変化が現れた。旅行者が、担当者の対応を評価するボタンがあり、私が「ＥＸＥＬＬＥＮＴ」を押すと彼はにっこりと笑っていた。日本人のように気持ちで接しろと言ってもアジアの人々には理解できない。ならば、そうしないとマイナス評価になるということを身をもって教え込むことが必要である。このシステムはまさに、それを体現したものである。アジアにおける人材マネジメントのポイントではないだろうか。

進出手段を知る

進出手段は国によってまちまちである。土地であれば外資100％での取得は難しく、コンプライアンスの問題でしっかりと確認しなければならないので、結局ローカル企業と付き合っていくだろう。進出の上で大企業は直接そういったやり取りができないために、弊社に話をいただくことがある。同時に、ローカル企業の方がさまざまにビジネスを作る上でスピーディーで、効率的なこともあり、いずれの方法を選択するのかがポイントになる。

ただ、中小企業は単体で力があるわけではないために、ジェトロや現地の経営者、弊社や私たちのパートナーといった現地に精通している人と連携しながら進んでいくのがベターだ。お互いに補い合って一緒に進出するという話があればどちらにとっても損はない。それこそ、戦後復興期によく見られた地方の出稼ぎ集団のような、護送船団方式のイメージである。

弊社が取り組む物産館やジャパンスタイルショップなどは自社製品をテスト販売する場として提供している。現地の人は日本に何を求めているのか。まずはアジアを知る一歩として利用してもらい、次の段階として実際にオフィスを構えて活動するのもいい。また、ジェトロなどの公的な機関と連携したり、商工会議所などで情報を集めるのもいいだろう。何も、一度ですべて進出する手段を整えなくても良い。その方法論を知るだけでも進出が現実性を帯びてきたのではないだろうか。

昨今は有名な企業がアジア進出を目指しており、過去の事例としても目に付くものが多くなっていると思う。規模の差はあれど、学ぶべき点が多いと思うので最近私が取り上げる2つのニュースを事例として挙げよう。

まず、イオンがカンボジアに出店するというニュースがリリースされた。実は私はこの件は数年前ごろベトナム人の友人から聞いていた。イオンの戦略は、プノンペンが公表する人口を見るだけでは疑問に思う方もいるだろう。しかし、これには少し裏事情がある。プノンペンは人口80万人と公表があるのだが、マーケット人口は200万人となっている。この差は、田舎から出稼ぎに来ている人々が籍を移さず首都で暮らしているという事実がある。この人々のマーケットを見込んでイオンは勝算ありと見ているのだろう。

もう一点は、ベトナムに東急電鉄が田園都市を造る、というニュースだ。これはよくある新聞の根拠ない記事ではない。実際、ホーチミン市の北へ約30㎞くらい離れた場所ですでにスタートしている。これは各地でさまざまな反応があり、日本人は無論、意外にも驚いているのはベトナム人である。私のベトナム人の友人も「日本人が本当に始めるのか?」と驚いていた。東急電鉄は、40~50年前の日本で駅を造り、街を造ってきた会社である。当時の担当者たちは、何もない日本で住宅や団地を造って、収益性とか将来この場所が一等地になると考えていただろう。その狙いがズバリはまり、会社が見事に急成長したのだと思う。

この東急電鉄については、部下からの提案で実現したという。その提案に、経営陣も昔の日本を思い出したのではないか。この提案から、実際に見て決断をするまでにかかった時間は8カ月だったという。大企業にすれば大変機敏な動きだ。創業社長的な考え方や行動力を持っていると私も感動したものだ。残念ながら日本人全体がそういう感覚では動きができなくなっている。

今後もこのような情報にアンテナを張って、先行事例をキャッチアップしつつ、自社の進出イメージを持っていただきたい。

数字で見るアジア

ここでは、アジア各国の基礎データをもう一度整理しておきたい。アジアビジネスにおいて、数字を頼りにしすぎるのも問題であるが、数字の裏付けなく突き進むのもリスクが増すだけである。このバランスを念頭に置きながら、各国の数字をチェックしてもらいたい。早速、アジア各国の特徴を見ていこう。

●ベトナム

国名	ベトナム社会主義共和国［Socialist Republic of Viet Nam］
総面積	331,689 平方キロメートル
人口	8,784 万人　[2011 年]
首都	ハノイ
主要都市	ホーチミン、ダナン、カントー、ハイフォン
気候	ハノイ［温帯性気候、最高平均気温 33℃ (6 月)、最低平均気温 14℃ (1 月)］ ホーチミン［熱帯性気候、最高平均気温 35℃ (4 月)、最低平均気温 21℃ (1 月)］
公用語	ベトナム語
民族	キン族（86%）、53 の少数民族（ムオン族、チャム族、モン族、ザオ族など）
宗教	仏教、カトリック、プロテスタント、イスラム教、カオダイ教、ホアハオ教
政治体制	社会主義共和国
通貨	ドン
為替レート（期末値、対ドルレート）	1 ドル＝ 20,828 ドン　[2011 年末]
ＧＤＰ（単位：100 万ドル）	1,236 億ドル　[2011 年]
一人当たりＧＤＰ（ドル）	1,374 ドル　[2011 年]
人件費	200 ドル（ダナン）、130 ドル（ホーチミン）、111 ドル（ハノイ）
日系企業進出数	940 社　[2010 年 12 月時点の商工会登録数]
在留邦人数	9,313 人 [2011 年 10 月 1 日時点の 3 ヶ月以上の在留届提出数]

出所：外務省、JETRO、アセアンセンター。いずれも 2012 年 12 月末時点の掲載情報を参照。

〈政治・経済〉

第2次世界大戦後から南北に分かれた30年以上に渡る戦争が続いたが、1975年に北ベトナムが南北統一、その後は共産主義体制の政治が現在まで続いている。長年の戦乱で経済発展は立ち遅れたが、1986年より改革開放を推し進めるドイモイ政策を開始して経済成長路線がスタート、2000年～2010年の平均経済成長率は7・26％と高成長を達成した。格安な賃金を狙った海外製造業を中心とした海外直接投資が主な要因になるが、近年は旺盛な国内消費による成長も顕著であり、2007年WTO加盟による開放政策もあいまって内需を狙った海外投資もはじまっている。他方、経常収支の慢性的な赤字とその拡大、物価上昇、自国通貨の不安定化、また社会に蔓延する腐敗体質や投資環境の未整備など解決すべき課題も残っている。

〈歴史・文化・風土〉

南北に長い国土であり、北部は四季がある亜熱帯に属するが、南部は熱帯で、年間を通して暑く、変化も少ない。中部には山岳高原地帯があり、野菜や果樹栽培が盛んで、避暑地にもなっている。民族としてはキン族が人口の9割近くを占め、ムオン族、チャム族など53の少数民族で構成されている。公用語はベトナム語、英語は外国人と接する機会の多い人には通じるが、一般的に使用されない。人口構成としては、60歳以上の層が占める割合は10％未満と少なく、30歳未満の若年層が半数を占めることなど、将来性の見込まれる国として注目されている。

〈日本との関係〉

古くは17世紀の江戸時代に朱印船による交易も行い、中部のホイアンには日本人町が形成されていた。1973年に現在のベトナム政府と正式に国交樹立してからはODA（政府開発援助）によるインフラ整備や技術移転の支援を積極的に行った。近年はベトナムの経済成長に伴い、また「チャイナ・プラスワン」の有力な候補地としても注目を高めたこともあり、製造業を中心に日本企業の進出も急増している。ベトナムではアジアで最も進んだ国として日本の人気は高く、日本語を学ぶ人も多い。親日的な国民感情だけでなく、南北に長い国土なども含め、日本と近似した部分が多く、日本にとっても身近さを感じられる国のひとつである。

●インドネシア

国名	インドネシア共和国 [Republic of Indonesia]
総面積	1,910,931 平方キロメートル
人口	2 億 3,764 人　[2010 年]
首都	ジャカルタ
主要都市	スラバヤ、バンドゥン、メダン
気候	ジャカルタ［熱帯性気候、最高平均気温 33℃ (9 月)、最低平均気温 24℃ (2 月)]
公用語	インドネシア語
民族	大半がマレー系（ジャワ、スンダ等約 300 種族）
宗教	イスラム教、ヒンドゥー教、キリスト教
政治体制	共和制（大統領責任内閣）
通貨	ルピア
為替レート（期末値、対ドルレート）	1 ドル= 9,068 ルピア　[2011 年末]
GDP（単位：100 万ドル）	8,343 億 3,500 万ドル　[2011 年]
一人当たりGDP（ドル）	3,469 ドル　[2011 年]
人件費	209 ドル（ジャカルタ）
日系企業進出数	1,007 社　[2010 年時点の JETRO 調べ]
在留邦人数	12,469 人［2011 年 10 月 1 日時点の 3 ヶ月以上の在留届提出数]

出所：外務省、JETRO、アセアンセンター。いずれも 2012 年 12 月末時点の掲載情報を参照。

〈政治・経済〉

1949年にオランダから独立後、スカルノ政権下では国内政情が不安定であったが、1986年にスハルト政権下で約30年におよぶ長期の実質的な独裁政権下でインフラストラクチャーの充実や工業化などにより一定の経済発展を達成することに成功した。1997年7月のアジア通貨危機でスハルト政権は崩壊したが、新政権はIMFとの合意に基づき、銀行部門と企業部門を中心に経済構造改革を断行し、政治社会情勢および金融の安定化をもたらした。さらには個人消費の拡大を背景として、2001年に3・6%であった経済成長率は2005年以降5%後半～6%台を達成した。2009年の世界金融・経済危機の影響は受けたものの、現在も堅調な経済成長を続け、2010年には一人当たり名目GDPが3000ドルを突破した。同国では2025年までに、名目GDPを2010年比で約6倍に増加させ、世界の10大経済大国となる目標を掲げている。

〈歴史・文化・風土〉

アセアン最大の国土と人口を持つインドネシアは、赤道に沿って18110の島々からなる島嶼国家である。気候は国土のほとんどが熱帯に属し、年間を通じて高温多湿、雨季と乾季の二季がある。民族の多数はマレー系（ジャワ人、スンダ人、マドゥラ人など）であるが、他に約300の民族で構成され、それぞれの島や地域は独自の文化を持っている。国民の7

割以上がイスラム教徒であり、世界最大のイスラム教徒人口を抱える。公用語はインドネシア語であるが、日常に使用するのは3000万人程度、それぞれの地域で語彙も文法規則も異なる583以上の言葉が日常生活で使われているものの、インドネシア語を第二言語として話せる人の割合は多い。

〈日本との関係〉

江戸時代、日本はオランダの植民地であったジャワと交易を行っていた。第二次世界大戦中は日本軍による占領下にあったが、終戦後の独立戦争の際には独立を約束していた旧日本兵が協力した記録も残っている。独立後の1954年より工業、運輸通信、農業、保健といった分野で研修員受け入れにより経済協力は開始し、人材育成や経済社会インフラの整備などを通じてインドネシアの開発に大きく寄与してきた。また、インドネシアは日本にとって液化天然ガス、石炭、石油などの重要なエネルギー供給国である。インドネシアにとっても日本は最大の貿易国であり、経済上の相互依存関係を背景に、両国の友好協力関係は近年、一層緊密化している。

●タイ

国名	タイ王国［Kingdom of Thailand］
総面積	513,115 平方キロメートル
人口	6,408 万人　[2011 年]
首都	バンコク
主要都市	ナコンラーチャシマー、チェンマイ、コンケン、ソンクラー
気候	バンコク [熱帯性気候、最高平均気温 35℃ (4 月)、最低平均気温 21℃ (1 月)]
公用語	タイ語
民族	タイ族（大多数)、華僑、マレー族、山岳少数民族
宗教	仏教、イスラム教
政治体制	立憲君主制
通貨	バーツ
為替レート（期末値、対ドルレート）	1 ドル＝ 31.6912 バーツ　[2011 年末]
GDP（単位：100 万ドル）	3,456 億 5,000 万ドル　[2011 年]
一人当たりGDP（ドル）	5,394 ドル　[2011 年]
人件費	286 ドル（バンコク)、260 ドル（チェンナイ）
日系企業進出数	1,327 社　[2010 年 12 月時点の商工会登録数]
在留邦人数	49,983 人［2011 年 10 月 1 日時点の 3 ヶ月以上の在留届提出数］

出所：外務省、JETRO、アセアンセンター。いずれも 2012 年 12 月末時点の掲載情報を参照。

〈政治・経済〉

アセアン諸国で唯一、植民地化が進んだ近代も独立を保ち、政体としては1932年の立憲革命より立憲君主制へと移行した。現在でも国民の4割が農業従事者である農業国であるが、民主化が本格的に進んだ第二次大戦後からは国民の高い教育水準や豊かな国土を背景に徐々に工業国への道を模索し、日本や欧米諸国の大企業の進出を背景にした本格的な工業化が進んだ。1997年のアジア通貨危機の影響を受けたが、現在では再び高い経済成長率を維持しており、東南アジアにおける代表的な工業国としての立場を保ち続けている。他方、2006年よりタクシン派と反タクシン派との政治的内紛が政情不安定をもたらすことがある。

〈歴史・文化・風土〉

インドシナ半島の中央部とマレー半島の北部に位置し、国土面積は日本の1・4倍である。国土の大半が熱帯モンスーン気候に属するが、一般に山岳地が広がる比較的涼しい気候の北部、雨量が少なく農作物が育ちづらい東北部、世界有数の稲作地帯チャオプラヤー・デルタが広がる中央部、すずの採掘が進んだマレー半島に属する南部の4つの地域に大別される。タイ国民の大多数がタイ族で、次いで華僑、マレー族となっている。外国の植民地支配を受けることなく、独自の文化を歩み、国民のほとんどが上座部仏教徒で、仏教は民族、国王とともに国家を統合する三本柱のひとつとして重要な役割を果たしている。

〈日本との関係〉

タイとの交流は室町時代に日本の船舶が滞在した記録から始まり、15〜16世紀にかけて日本人用兵がアユタヤ朝で活躍し、日本人町を形成したが、江戸時代に入ると鎖国政策の影響もあって交流は途絶えた。明治時代に入ると通商条約を締結するなど外交が本格的に始まり、タイとしても欧米列強から独立を保つべく、終戦まで非常に緊密な関係を保った。終戦後は日本の国際社会復帰を後押しし、日本も積極的に投資を進め、東南アジアで最大の日本人コミュニティが形成されるに至っている。特に日本の大手自動車や家電メーカーはいち早く進出し、タイにとっても日本が最大の貿易・投資・援助国であることから、経済的な相互依存関係は深いと言える。

●ミャンマー

国名	ミャンマー連邦共和国［Republic of the Union of Myanmar］
総面積	676,578 平方キロメートル
人口	6,062 万人 [2011 年]
首都	ネーピードー
主要都市	ヤンゴン、マンダレー
気候	ヤンゴン［熱帯性気候、最高平均気温 37℃ (4 月)、最低平均気温 18℃ (1 月)］ マンダレー［熱帯性気候、最高平均気温 38℃ (4 月)、最低平均気温 13℃ (1 月)］
公用語	ミャンマー語
民族	ビルマ族（約 70%）、その他の少数民族
宗教	仏教、キリスト教、イスラム教、ヒンドゥー教
政治体制	大統領制、共和制
通貨	チャット
為替レート（期末値、対ドルレート）	1 ドル＝818 チャット [2012 年 4 月平均]
GDP（単位：100 万ドル）	502 億ドル [2011 年]
一人当たりGDP（ドル）	832 ドル [2011 年]
人件費	68 ドル（ヤンゴン）
日系企業進出数	51 社 [2010 年 12 月時点の商工会登録数]
在留邦人数	543 人［2011 年 10 月 1 日時点の 3 ヶ月以上の在留届提出数］

出所：外務省、JETRO、アセアンセンター。いずれも 2012 年 12 月末時点の掲載情報を参照。

〈政治・経済〉

第2次世界大戦後の1948年にイギリスから独立してビルマ連邦となったが、1962年の軍事クーデター以降、軍事政権時代が長く続き、1989年に現在のミャンマー連邦に国名を変更している。2007年に現大統領のテイン・セイン氏が首相に就任して以降、徐々に政治体制の改革を進め、2010年末に新憲法に基づく総選挙が実施され、民主化へ向けて歩み始めた。アセアンには1997年から加盟しているものの、アメリカやEUからは経済制裁を受けている。ただし、中国からは多額の援助を受けている他、インドとは経済的な結びつきは強く、アジアの大国にはさまれながらも比較的良好な関係を築いていると言える。

〈歴史・文化・風土〉

インドシナ半島の中でも大陸寄りに位置し、南北日伸びる長い国土は日本の約1・8倍である。陸では中国・タイ・ラオス・インド・バングラデシュと国境を接し、海側はマルタバン湾・ベンガル湾・インド洋に面している。国土の大半が熱帯又は亜熱帯に属するが、気温や降水量は地域による差異が大きい。民族的にはビルマ族が6割を占めるが、130以上の少数民族が住む多民族国家である。6000万人を超える人口の大半が農業に携わり、かつ敬虔な上座部仏教徒である。公用語はビルマ語だが、イギリスの植民地だった影響もあり、英語を理解する人も多い。

〈日本との関係〉

遡ること約400年前、南西部に日本の武士団が滞在していた記録が残っており、明治時代には訪日したミャンマーの高僧が日本文化を紹介する本を出版した。第二次大戦中は日本軍が占領下に置いたが、戦後の1954年に平和条約を締結してから日本とは良好な関係を続けてきた。しかし、1988年の軍事クーデター以降、徐々に経済援助や支援は減少し、2003年から英米の経済制裁を受けてほとんどの援助は停止した。近年は民主化への歩みを受け、2012年2月にヤンゴン郊外の経済特別区の上下水道、道路、光ファイバーケーブル、次世代電力網といった最先端のインフラ整備を日本で請け負うことが決まった。また、2012年4月にはアウンサンスーチー氏を含む幅広い関係者の政治参加が実現したこと等を踏まえ、経済協力方針を変更した。

●マレーシア

国名	マレーシア［Malaysia］
総面積	329,735 平方キロメートル
人口	2,855 万人　[2011 年]
首都	クアラルンプール
主要都市	クラン、ジョホールバール
気候	クアラルンプール［熱帯性気候、最高平均気温 33℃ (4 月)、最低平均気温 23℃ (1 月)］
公用語	マレー語
民族	マレー系（約 67 %）、中国系（約 25 %）、インド系（約 7%）
宗教	イスラム教、仏教、ヒンドゥー教、キリスト教
政治体制	立憲君主制
通貨	リンギ
為替レート（期末値、対ドルレート）	1 ドル＝ 3.1770 リンギ　[2011 年末]
GDP（単位：100 万ドル）	2,786 億 7,100 万ドル　[2011 年]
一人当たりGDP（ドル）	9,700 ドル　[2011 年]
人件費	344 ドル（クアラルンプール）
日系企業進出数	1,407 社　［2011 年 1 月時点の商工会登録数］
在留邦人数	10,401 人［2011 年 10 月 1 日時点の 3 ヶ月以上の在留届提出数］

出所：外務省、JETRO、アセアンセンター。いずれも 2012 年 12 月末時点の掲載情報を参照。

〈政治・経済〉

1957年にイギリスの植民地からマラヤ連邦として独立後、1963年にシンガポール、北ボルネオ、サワラクを編入してマレーシア連邦となった。1965年にシンガポールは分離したが、政体は現在まで立憲君主制であり、国王は13州の内9州にいる首長(スルタン)による互選で選出され、任期5年で内閣の補佐を受けて行政を担当する世界でも珍しい国王制度である。天然資源に恵まれ、かつてはゴムと錫中心のモノカルチャー経済であったが、1970年以降、外資の積極的な導入により製造業を中心に工業化を推進し、著しい経済成長を遂げた。現在は2020年までに先進国入りをめざす経済社会開発構想「ビジョン2020」による長期開発政策を推進している。

〈歴史・文化・風土〉

マレー半島南部とボルネオ島北部を領域とし、隣接国はタイ、シンガポール、ブルネイ、インドネシア、フィリピンである。気候はマレー半島の西海岸と東海岸、およびボルネオ島など地域毎に若干、異なるが、国全体として赤道に近く、熱帯に属し、雨季と乾季の二季が常夏の気候である。国内はイスラム教を中心としたマレー文化と、中国文化、ヒンドゥー文化といった多様な文化が複雑に入り混じって並存する多民族国家である。人口比では、マレー系が約65%と多数を占めるが、華人系が約25%、インド系約8%となっているが、マレー系にはサラワク州やサバ州などの先住民も含まれている。イスラム教が国教であり、マレー系を中心に広く信仰されている。国語および公用語はマレーシア語であるが、英語は準公用語として広く使用されている。

〈日本との関係〉

マレーシアと日本の関係は、鉄砲伝来がマラッカを由来していることが一番初めになるが、その後は第二次大戦中の日本軍の占領時代になる。戦後の両国は、東方政策を提唱したマハティール政権時より、直接投資や貿易、技術協力等を通じた良好な経済関係、人材育成分野における協力等に支えられ、緊密な友好関係を築いてきている。日本はマレーシアからの留学生や研修員の受入れに積極的に協力し、これまでに13000名以上を受け入れるとともに、予備教育のための教員の派遣や機材の供与等の協力を行った。日本を紹介する文化事業に加えて、6万人を集める盆踊り大会など草の根レベルでの交流も活発に行われている。

●カンボジア

国名	カンボジア王国［Kingdom of Cambodia］
総面積	181,035 平方キロメートル
人口	1,340 万人　[2008 年]
首都	プノンペン
主要都市	シェムリアップ、シアヌークビル
気候	プノンペン［熱帯性気候、最高平均気温 35℃ (4 月)、最低平均気温 21℃ (12 月)］
公用語	クメール語
民族	クメール族（90%）、ベトナム人（5%）、36 の少数民族（4%）
宗教	仏教、イスラム教
政治体制	立憲君主制
通貨	リエル
為替レート（期末値、対ドルレート）	1 ドル＝ 4,053 リエル　[2010 年末]
ＧＤＰ（単位：100 万ドル）	132 億ドル　[2011 年]
一人当たりＧＤＰ（ドル）	912 ドル　[2011 年]
人件費	82 ドル（プノンペン）
日系企業進出数	48 社　［2010 年時点の商工会登録数］
在留邦人数	1.201 人［2011 年 10 月 1 日時点の 3 ヶ月以上の在留届提出数］

出所：外務省、JETRO、アセアンセンター。いずれも 2012 年 12 月末時点の掲載情報を参照。

〈政治・経済〉

第2次世界大戦後の1949年に独立したが、ベトナム戦争の影響もあって長く戦乱が続き、国連監視下で民主選挙が実施される1993年まで不安定な時代が続いた。同年9月に新憲法を発布し立憲君主制を採用し、現在の政治体制に移行、1998年に国連、翌1999年にアセアンへの加盟を果たした。経済的には21世紀になってから本格的に復興が進んでおり、2002年から2011年までの10年間の平均経済成長率は7・7%を記録している。豊かな水資源と肥沃な国土に恵まれたカンボジアの主要な産業は農業と観光であり、特に世界遺産「アンコール遺跡」には、毎年数多くの観光客が訪れている。

〈歴史・文化・風土〉

インドシナ半島南部に位置する熱帯気候に属し、年間平均気温が27度、雨季と乾季の二季がある。雨季には国土の中央を流れるメコン川の増水で国土の中央部にある最大の湖トレンサップ湖の面積が10倍近く膨れ上がる。国土の大半が海抜100メートル以下の低地になっているが、タイ及びラオスとの国境付近には山脈と高原が広がっている。民族はクメール人が人口の9割を占め、ベトナム人が5%、華人が1%、その他4%など36の少数民族である。公用語はクメール語、宗教的には国教となっていることもあり、9割以上が上座部仏教徒である。ただし、世界遺産で有名なアンコール遺跡なども含め、インド文化の影響を受けている側面は見受けられる。なお、長い戦乱が続いた影響で45歳以上の識字率は低く、クメール文字を読めないケースも見受けられる。また、国内にはかつての内戦の影響でたくさんの地雷と不発弾が埋まっている地域もあり、それらの場所の多くには危険標識が立てられている。

〈日本との関係〉

日本との交流の歴史は長く、朱印船時代には現在のプノンペンなど2カ所に日本人町も形成された。太平洋戦争時代には日本軍が進駐した時期もあったが、戦後はカンボジアの独立と同時に日本としても戦後初めの友好条約を結ぶなど、カンボジア戦乱前から緊密な関係を結んでいた。本格的な交流が再開するのはカンボジア和平が進展する1990年代に入ってからとなり、国連暫定統治機構（UNTAC）の代表に日本人の明石康氏が着任、この時期からボランティアや無償援助なども含め多くの日本人や団体、政府関係者がカンボジア支援に尽力している。2010年度までの累計の無償資金協力は約1492億円、技術協力約594億円と世界の主要援助国で最も貢献している。現在でも、日本は遺跡の保存修復活動を始め、多くの支援を行うなど緊密な関係にあると言える。

●シンガポール

国名	シンガポール共和国 [Republic of Singapore]
総面積	710.3 平方キロメートル
人口	518 万 3,700 人　[2011 年]
首都	―
主要都市	―
気候	シンガポール［熱帯性気候、最高平均気温 32℃ (5 月)、最低平均気温 23℃ (1 月)］
公用語	英語、中国語、マレー語、タミール語
民族	中国系（74.1%）、マレー系（13.4%）、インド系（9.2%）、その他（3.3%）
宗教	仏教、イスラム教、ヒンズー教、道教、キリスト教
政治体制	立憲共和制
通貨	シンガポール・ドル
為替レート（期末値、対ドルレート）	1 ドル＝1.3007 シンガポール・ドル [2011 年末]
GDP（単位：100 万ドル）	3,268 億 3,200 万ドル　[2011 年]
一人当たりGDP（ドル）	49,271 ドル　[2011 年]
人件費	1,285 ドル
日系企業進出数	734 社　[2010 年 12 月時点の商工会登録数]
在留邦人数	26,032 人［2011 年 10 月 1 日時点の 3 ヶ月以上の在留届提出数]

出所：外務省、JETRO、アセアンセンター。いずれも 2012 年 12 月末時点の掲載情報を参照。

〈政治・経済〉

イギリス植民地から独立した1963年はマレーシア連邦に属していたが、マレー人優遇政策に反発し、1965年にマレーシアから分離独立して都市国家として成立した。政治的には人民行動党の事実上の一党独裁制であり、野党の存在は認められているが、その言論は大きく制限されていることから、「明るい北朝鮮」と呼ばれることがある。一方で、2011年の一人当たりのGDPは49270ドル、富裕世帯の割合が世界で最も高く、アセアンでもっとも経済発展した国である。産業としては海運産業や航空産業、エレクトロニクスや医薬品を中心とする製造業が盛んである。また、英語や中国語が公用語であることから、多国籍企業のアジア太平洋地域の拠点が置かれることが多く、近年は東南アジアの金融センターとして不動の地位を保っている。

〈歴史・文化・風土〉

東南アジアのほぼ中心に位置し、北のマレー半島とはジョホール海峡で隔てられている。国土面積は東京都とほぼ同じ広さで63の島からなるが、シンガポール島以外はいずれも小さく、44の島は面積が1平方㎞を下回る。一年を通じて高温かつ多湿のモンスーン地帯に含まれ、年平均気温は27・4度、雨季と乾季の区別ははっきりしないくらい、年間を通じて安定した気候である。高低差の少ない、狭い国土で水源に乏しいため、隣国マレーシアよりパイプラインで原水を購入している。民族は中華系が76・7%を占め、マレー系が14%、インド系が7・9%と複合民族国家のため、公用語も英語、マレー語、中国語、タミル語の4つがある。

〈日本との関係〉

二国間関係は極めて良好であり、1970年代後半以降の工業化推進の過程では、多くの分野において日本の経験が参考とされた。また、早くから日本人や日本企業も進出しており、アセアンではタイに次いで2番目に多い。現在、先進国となったシンガポールとの間では日・シンガポール経済連携協定等、先進的な取り組みが行われており、2002年に署名された「日本・シンガポール新時代経済連携協定」は日本が初めて結んだ経済連携協定である。2006年には、日・シンガポール外交関係樹立40周年を迎え、両国で文化行事等が開催された。

●フィリピン

国名	フィリピン共和国［Socialist Republic of Philippines］
総面積	300,000 平方キロメートル
人口	9,586 万人 [2011 年]
首都	マニラ
主要都市	ケソンシティ、カルーカン、ダバオ、セブ
気候	マニラ［熱帯性気候、最高平均気温 34℃ (4 月)、最低平均気温 24℃ (1 月)］
公用語	フィリピノ語、英語
民族	マレー系（過半数）、中国系、スペイン系、少数民族
宗教	カトリック、その他のキリスト教、イスラム教
政治体制	立憲共和制
通貨	ペソ
為替レート（期末値、対ドルレート）	1 ドル＝ 43.928 ペソ [2011 年末]
ＧＤＰ（単位：100 万ドル）	2,247 億 5,400 万ドル [2011 年]
一人当たりＧＤＰ（ドル）	2,223 ドル [2011 年]
人件費	325 ドル（マニラ）、196 ドル（セブ）
日系企業進出数	1,171 社［2011 年 10 月時点の在フィリピン大使館調べ］
在留邦人数	17,702 人［2011 年 10 月 1 日時点の 3 ヶ月以上の在留届提出数］

出所：外務省、JETRO、アセアンセンター。いずれも 2012 年 12 月末時点の掲載情報を参照。

〈政治・経済〉

16世紀より19世紀末までがスペイン、第二次大戦終了までアメリカの植民地という時代が長く続いたが、1946年に独立を果たし、共和制に移行した。戦後、反共の砦としてアメリカから軍事的、政治的な支援を受けてマルコス政権下で開発独裁を進め、1960年代には東南アジアで最も豊かな国と言われたが、1980年代より頭打ちになり、腐敗したマルコス政権が瓦解すると、共産主義勢力やイスラム勢力との内紛が激化したことに伴い、外資系企業の投資も停滞した。近年は内紛も和解が進み、徐々に外資企業の投資も戻りつつあり、英語圏の強みと安価な人件費を生かしたコールセンターやBPOで脚光を浴びつつある。また、1000万人を越えると言われる海外在住労働者による送金が経常収支を支えている側面もある。

〈歴史・文化・風土〉

ルソン島・ヴィサヤス諸島・ミンダナオ島などを中心に、大小合わせて7109の島々から成る島嶼国家であり、日本、台湾、マレーシア、インドネシア、ベトナムと海を挟んで接している。国土面積は日本の約8割、気候は熱帯海洋性、季節は暑季、雨季、乾季の3つがある。民族はマレー系が主体であるが、他に中国系、スペイン系およびこれらとの混血並びに少数民族で構成される。アセアンでは唯一のキリスト教国で、国民の約90%がカトリックまたはプロテスタントの信者である。欧米植民地時代が長かった影響で、アメリカ文化やスペインを代表するヨーロッパ文化、フィリピン固有の生活文化が混合した独自の文化が育まれた。

〈日本との関係〉

両国が交易を始めた記録は豊臣秀吉による朱印船貿易であり、この時代はマニラなどに日本人町が作られたが、江戸時代の鎖国令によって衰退・消滅した。明治時代に入るとダバオに日本人街が形成され、一時期は人口1万人を越えたが、第二次大戦が始まると街は激戦地となり壊滅した。太平洋戦争の激戦地になった影響でフィリピン人死者数は110万人を超え、その後の日比関係に大きく影を落とし、フィリピンにおける対日感情が改善しない影響で二国間の通商条約の批准は1973年までかかった。日本は戦争の賠償金として1900億円以上支払っている他、戦後補償の意味合いも込めた援助供与が積極的に行われた。以後フィリピンにとって日本は最大の援助供与国、かつ投資国となり、現在では両国間の外交摩擦はほとんど見られない。

●インド

国名	インド [India]
総面積	3,287,263 平方キロメートル
人口	12 億 1,019 万人
首都	ニューデリー
主要都市	ムンバイ、デリー、バンガロール、コルカタ
気候	ニューデリー [熱帯性気候]
公用語	ヒンディー語、英語、ウルドゥー語、ベンガル語など
民族	インド・アーリヤ族、ドラビダ族、モンゴロイド族等
宗教	ヒンドゥ教（82.7%）、イスラム教（11.2%）、キリスト教（2.6%）など
政治体制	連邦共和制
通貨	ルピー
為替レート（期末値、対ドルレート）	1 ドル＝ 51.1565 ルピー
GDP（単位：100 万ドル）	1,717,947
一人当たりGDP（ドル）	1,514
人件費	403 ドル（ムンバイ）、320 ドル（バンガロール）、264 ドル（ニューデリー）
日系企業進出数	725 社 備考：2010 年 10 月時点、在インド日本国大使館
在留邦人数	5,554 人

出所：外務省、JETRO、アセアンセンター。いずれも 2012 年 12 月末時点の掲載情報を参照。

〈政治・経済〉

インドのＧＤＰは世界でも高位にあがるものの、一人当たりのＧＤＰは１５１４ドルと、最貧国ではないものの低い水準となっている。１日２ドル未満で暮らす貧困人口は８億人を超えるものの、近年の経済発展のおかげで低所得者層の生活も以前よりは改善されつつあるとの見方もある。

宗教の違いや国境紛争で独立時から隣国パキスタンとは関係が悪い。近年には相互協調の路線を歩み始めているが、緊迫した関係でもある。

〈歴史・文化・風土〉

州境を越えるとまったく違う言語が話され、それぞれの文化芸術があるため「インドは国と言うより大陸である」とも表現される。市井生活にはヒンドゥー教にまつわる身分制度であるカースト制度の影響は今でも強く残っており、複雑な身分制社会を形成している。また、気候は南端の赤道地帯からヒマラヤの高山地帯まで多様性に富んでいる。

〈日本との関係〉

インドが日本において認知されたのは仏教に関わる点である。中国経由で伝わったことで、日本からインドへ渡航することを試みた者もいたが、数は少なく、情報は非常に限られていた。航海技術の発展以降にも基本的には中国を介して交易品が流通することが多かった。その後は日本が鎖国政策などを行ったこともあり、取引や国交の実績は乏しく英領となったインドからの綿製品などの繊維業における関わりの方が強い。

第二次世界大戦以降も独立までは英領としての関係が長く、現代においても建築物など、色濃く影響が残っている部分も多い。

●中国

国名	中華人民共和国 [People's Republic of China]
総面積	9,600,000 平方キロメートル
人口	133,972 万人（2010 年、出所：「中国統計摘要」）
首都	北京市
主要都市	上海市、広州市、天津市、深圳市、重慶市
気候	北京市 [温帯性気候]
公用語	中国語（公用語）
民族	漢民族（総人口の 92％）及び 55 の少数民族
宗教	仏教、イスラム教、キリスト教など
政治体制	社会主義共和制（人民民主独裁）
通貨	人民元
為替レート（期末値、対ドルレート）	6.3009
ＧＤＰ（単位：100 万ドル）	7,318,495
一人当たりＧＤＰ（ドル）	5,417
人件費	638[北京]
日系企業進出数	22,790 社（2011 年末現在） 出所：「2012 中国貿易外経統計年鑑」
在留邦人数	140,931 人 注：香港・マカオを含む

出所：外務省、JETRO、アセアンセンター。いずれも 2012 年 12 月末時点の掲載情報を参照。

〈政治・経済〉

2011年の中国のGDPは7兆3184億ドルであり、アメリカに次ぎ世界第2位となっている。一方、一人当たりのGDPは世界平均より大幅に低い5417ドルである。1日2ドル未満で暮らす貧困層は約2億4300万人と推計される。上海などの沿海地域と内陸や自治区部の格差が軋轢にもなっている。1978年の「改革開放」政策以降は資本主義体制を取り入れ、結果持続的な成長が現在まで続いている。急激な輸出拡大が原因で、極度に貿易と投資に依存した経済である。

中華人民共和国は、冷戦構造の下では完全に東側陣営に組み込まれていた。しかし、1970年代初頭からアメリカを始めとする西側との関係の回復を果たした後は経済面での資本主義諸国との関係も強め、東南アジア諸国とも自由貿易協定締結を合意するなど経済活動を絡めた積極的な地域外交を展開している。

〈歴史・文化・風土〉

世界最大の人口を擁する国家である。人口の92%を占める漢族の他、チワン族、ウイグル族、モンゴル族、チベット族、回族、ミャオ族、イ族、トゥチャ族、満族など、政府が認定している55の少数民族よりなる多民族国家。また人口、国土面積においても世界最大の単一国家である。世界四大文明のひとつに数えられる黄河文明を擁し、中華思想を持つ。国教はなく、さまざまな宗教があるが基本的には共産党の意向に従うことを求められている。民間生活への政府の介入も大きく、インターネットの検閲も行われる。

〈日本との関係〉

わが国の文化は歴史的に中国文化を経由したものが多く、歴代王朝との国交を築き経済活動を行ってきた。仏教や儒教といった宗教や漢字、これを元に作成されたひらがななどが一例である。幾度か戦争や領土争いがあったために、近代歴史と外交が切り離せない状況にある。政治、経済のすべてが共産党の管理の下で行われるため、わが国が標的にされた事件も起こるが、平時における活動には反日感情を持ち出す人は一部に限られる。

●韓国

国名	大韓民国 [Republic of Korea]
総面積	100,033 平方キロメートル
人口	4,978 万人（2011 年推計人口）
首都	ソウル
主要都市	釜山、大邱、仁川
気候	ソウル [温帯性気候]
公用語	韓国語
民族	韓民族
宗教	仏教、プロテスタント、カトリックなど
政治体制	民主共和制
通貨	ウォン
為替レート（期末値、対ドルレート）	1 ドル＝ 1,151.80 ウォン
GDP（単位：100 万ドル）	1,116,400
一人当たりGDP（ドル）	22,424
人件費	1,696 ドル（ソウル）
日系企業進出数	会員数：383 社（ソウルジャパンクラブ） 時点：2012 年 7 月現在 出所：ソウルジャパンクラブ
在留邦人数	30,382 人

出所：外務省、JETRO、アセアンセンター。いずれも 2012 年 12 月末時点の掲載情報を参照。

〈政治・経済〉

１９９７年のアジア通貨危機により、韓国の経済は危機に瀕した。発足したばかりの金大中政権は国際通貨基金の支援とその経済政策を受け入れ、新自由主義的傾向をもつ構造改革政策によって危機を乗り切る。その他にも経済面における日本との関係は緊密である。韓国から日本への電子部品や工作機械などの輸出も増大している。韓国の対外輸出の増加に伴い、日本からの部品輸入や日本への特許使用権料の支払いも増加しており、戦後一貫して韓国の対日貿易は赤字が続いており、２０１１年は2・1兆円の赤字に達した。一方東日本大震災の影響で石油製品や鉄鋼の対日輸出が43％増加し、前年度比で85億ドルの対日貿易赤字が解消されている。ＧＤＰにおいてはサムスンの依存割合が大変高い。

〈歴史・文化・風土〉

朝鮮半島、北緯38度線以下の南部を国土とする。面積は日本の3分の1弱、人口は日本の約2分の1。日本同様に山岳や急峻な岩場などがある。中国文化の影響を強く受け、その支配下にあった時代も長く、歴史的には中国と日本の覇権問題に常に影響された。

朝鮮の文化は、李氏朝鮮時代に国家のイデオロギーとされた儒教、その中でも特に朱子学に大きく影響されている。また同朝期に訓民正音（ハングル文字）が成立した。民族的なアイデンティティの形成が比較的遅いためか、国家に対する帰属意識は高く、独立国家としての対外姿勢には強硬的な部分も見える。

〈日本との関係〉

古来より、韓国との文化交流、政治での関わりは長い。4世紀初め頃の韓国の三国時代には伽耶国（現慶尚付近）が倭国の出向地となった。また16世紀末には豊臣秀吉の朝鮮出兵が行われる。近代においては、朝鮮半島は1910年の朝鮮併合より大日本帝国の統治下に置かれた。1945年、第二次世界大戦における日本の敗戦により、北緯38度以北にソ連軍が進駐し、南半分は上陸してきた連合国軍（実質的には米軍）の軍政下となる。冷戦下で誕生した分断国家である。北朝鮮とは建国以来敵対関係にあり、朝鮮戦争以降も小規模な軍事衝突がたびたび発生しており、常に緊張状態にある。現在においても、領海問題などの歴史にかかわる議論は注意が必要だが、民間交流の面においては良好な関係を築いている。映画・ドラマや音楽などの韓国文化は日本でも人気が高い。

さて、ここで改めて各国の人口を一覧化してみた。アジア新興国は日本とは全く異なる構造をしている。20年後にどちらのマーケットが有望かとは、問うまでもないだろう。ぜひ、今だけでなく中長期の将来を考えてアジアビジネスを見る目を改めてほしい。

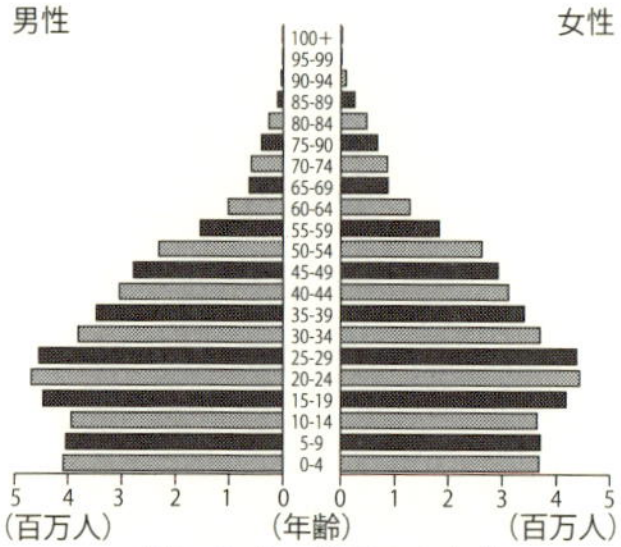

ベトナム（2011年）

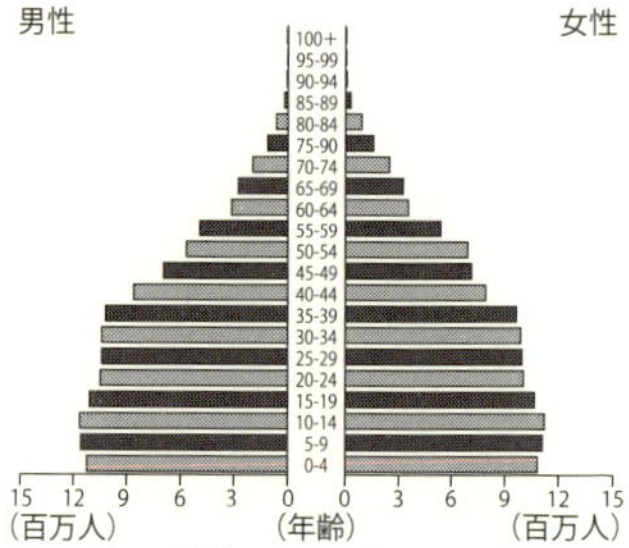

インドネシア（2011年）

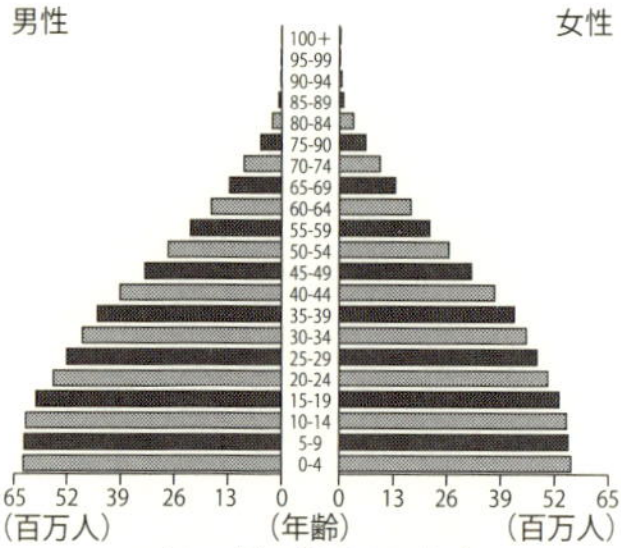

インド（2011年）

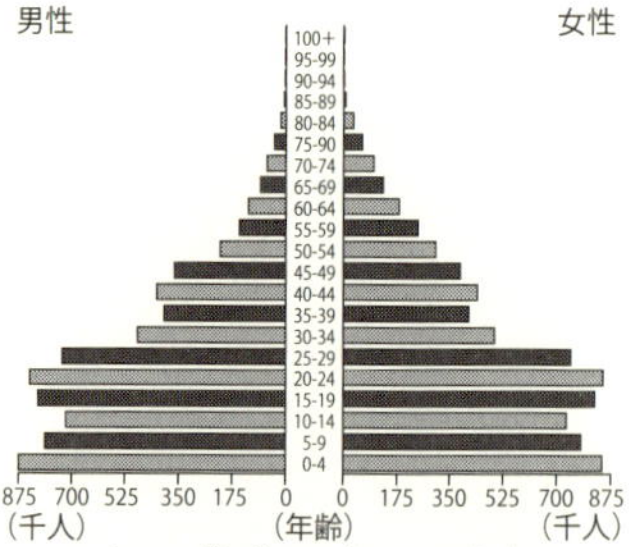

カンボジア（2011年）

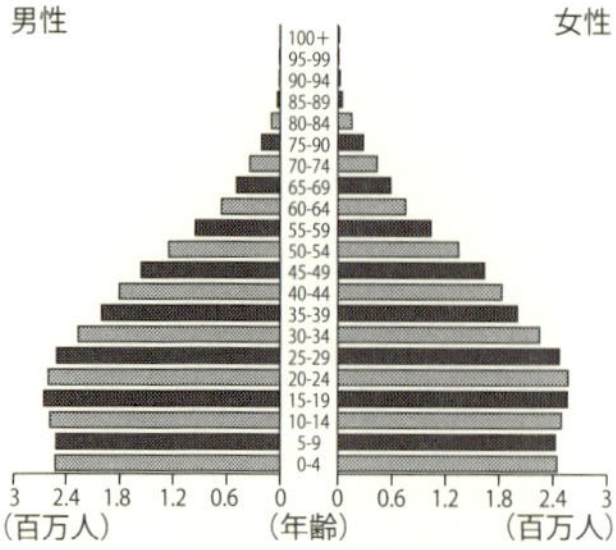

ミャンマー（2011年）

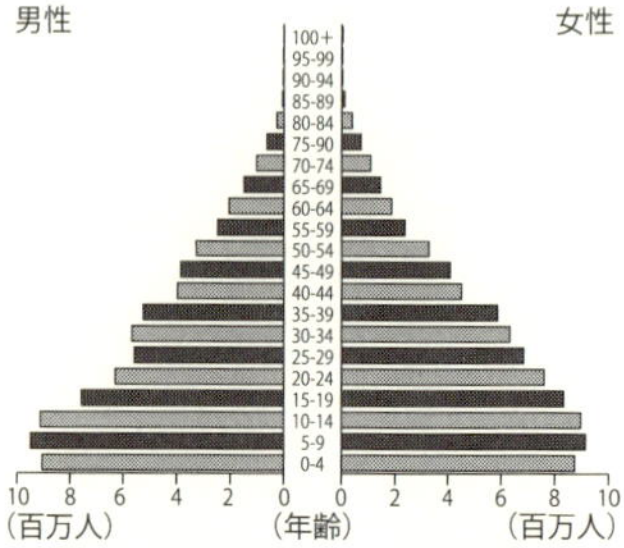

バングラデシュ（2011年）

図Ｂ　アジア各国の人口ピラミッド

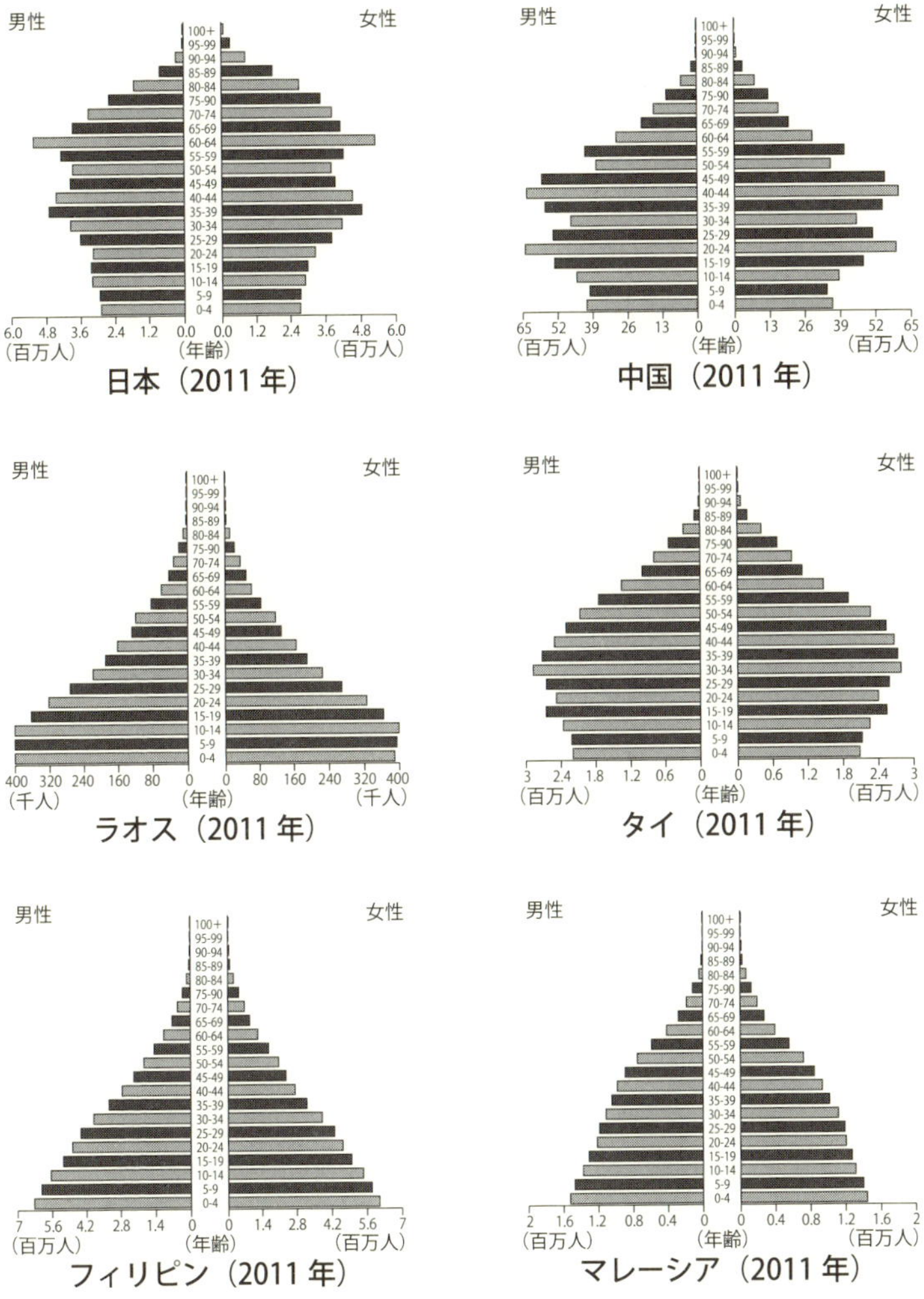

リスクを知る

経営者にとって、何においてもリスクを意識することは当然の仕事である。まだ見ぬアジアの地はリスクだらけに映るかもしれない。それでは具体的に、アジアに進出するリスクとは何か。私は、創業社長と2世、3世の経営者の方で捉え方が全くことなると思っている。

創業社長にとっては、アジアはチャンスばかりに見えることだろう。戦後、モノのない社会で仕事を始めた世代にとっては自分が熱意に燃えて仕事をしていた時代の再現である。一生懸命に取り組んで、時には取引先と議論しながら、がむしゃらにとにかく夢中で駆け抜けた経験を思うと、胸が踊る。

対して、2世、3世の経営者は、先代の基盤の上で仕事をしている。社会環境としてもでき上がったフィールドで活動をしてきた。それを壊さないように、いわば守りの入った経営になりがちである。はっきり言うと、自分で創り上げたものの質が違うのだ。

この決定的な違いは、アジアの可能性をお話した反応に現れるといってもいい。創業社長は、とかくリスクはチャンスとみなすことができる。アジアはまだライバルは多くはない。ならば、勝負を仕掛けることができる。そう感じることができるのだ。これはアジアの人々の考えることとも一致する部分がある。

アジアビジネスを考えた時、現地の社長たちはハイリスク・ハイリターンで勝負しようと覚悟している。対して今日の日本人はローリスクでいこうとする、このスタンスの違いに気づけないといけない。その上で、どういった行動するかだ。

リスクにはさまざまなものがあろう。製造業においても、国によって仕様や規制の対象が違うこと、法人の設立の仕方、種々の手続き、投資配分、他にも数を挙げればきりがない。こうした内容は調べればすぐにヘッジができる、見えやすいリスクであるから、それだけは転ばぬ先の杖で対策を練ればよい。

ただし、リスクを知りすぎて、動けなくなることが一番のリスクであることを忘れないでほしい。

第3章●アジアマーケットの可能性

アジアに関する報道が増え、アジアの情報に高い関心を持つ方は確実に増えていることは間違いない。しかし、現地を知らなければただの情報にしかならない。ここでは、アジアマーケットの捉え方や数字の見方を知り、アジアをひとつの経済圏・商圏と捉え、チャンスの芽に気づくためのアジアの見方をご紹介したい。

アジアマーケットを知る

1章でも触れたとおり、日本とアジアの関係は今後ますます密になっていくことは間違いない。改めて、アジア全体の様子を見てみよう。図4は、私たちがアジアを独自に分類した図である。中でも、これから注目していただきたいのは「メコンエリア」と「オーシャンエリア」である。

メコンエリアとはメコン川流域に広がる国々のことで、東からベトナム、カンボジア、ラオス、タイ、ミャンマーの5カ国である。いずれもメコン川の恩恵を受け、農業が盛んな国々である。オーシャンエリアはインドシナ半島南部のマレーシアやシンガポールを含む、交易の中継地やハブとしての機能を担っている国々で、他にフィリピンとインドネシアがある。

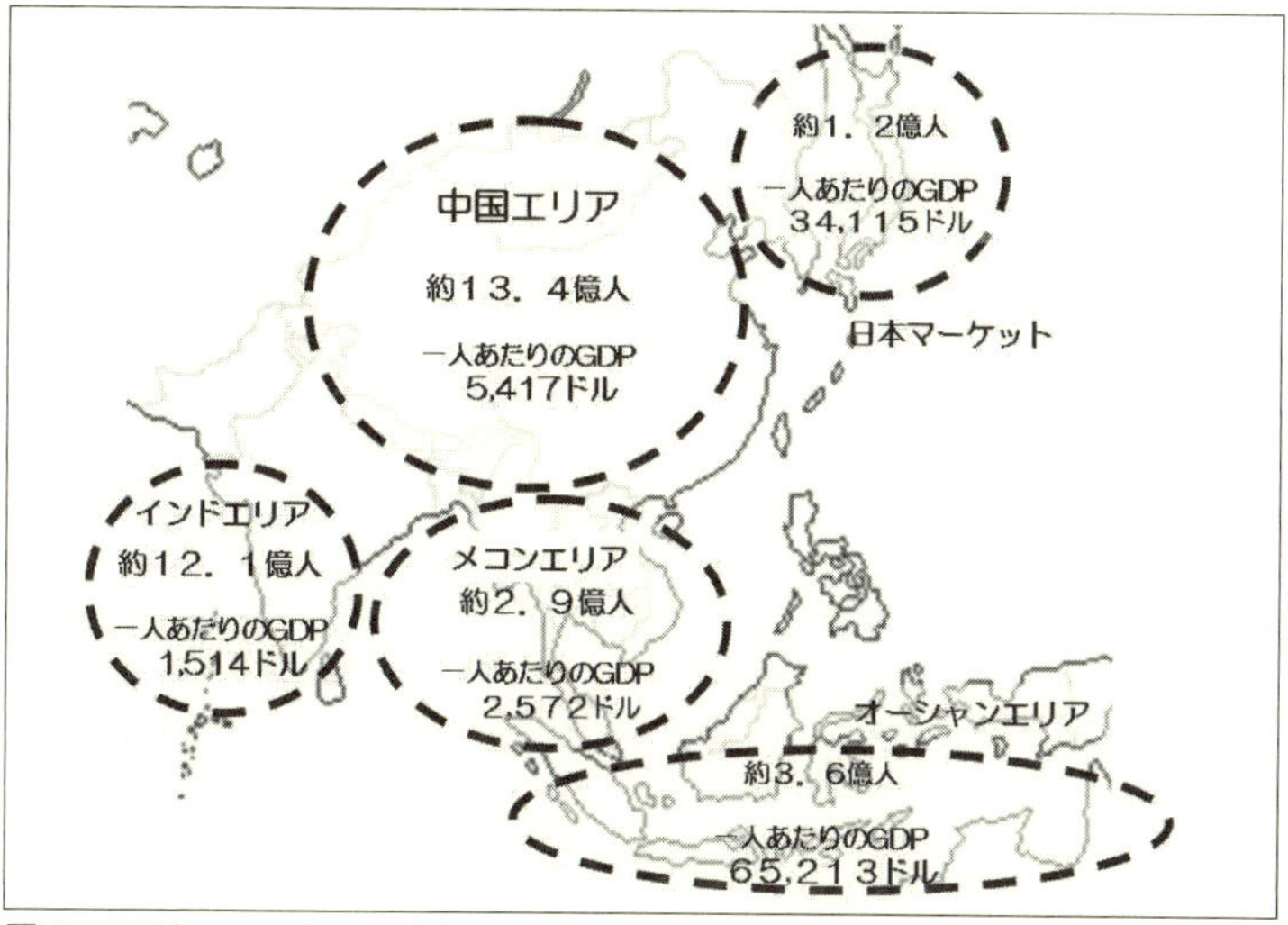

図4　アジアマーケットを知る

アジアの魅力のひとつは、日本とは違って平地が多く都市の形成が容易なこと。また一国の面積や人口は小さくても、同じようなサイズ感の国が隣接しているので少し視点を広げればその集合体をひとつのマーケットとして捉えることができる。しかも、各国間の移動は大体2～3時間。場合によっては日本国内で動く方が移動時間も経費もかかる。島国日本では考えられない域の広さと人口ビジネスマーケットである。

例えば、ベトナムの膨大なる未開発の平地にはシンガポール、マレーシアなどの都市開発分野の有力企業がすでに事業を進めている。私の知り合いの都市開発を手がけるベトナム人社長は国同士が大変親しいラオスに赴き、開発事業を行っている。また別の社長はシンガポールの埋め立てに使用するための砂をカンボジアで仕入れ、売買して一財を築いている。皆、何とフットワークが軽いことかと思ったが、考えてもみれば、国外へ赴くのに2時間程度で移動できるのである。アジアの国々の間では物理的にも心理的にも移動はなんら重荷にならない。アジアビジネスでは隣国への移動が日本人の隣の県へ行くような感覚なのだろう。

ここでアジア進出の形態を簡単にまとめておく。ひとつは生産、製造業の進出。これは言うまでもなくタイ、中国、ベトナムなどで数十年来行ってきたことで、工場などで生産をして、製品は日本や先進国で売る仕組みだ。

2つ目は、現地での商売だ。販売、サービスなどの輸入販売などがこの事例にあたる。3つ目としては、商売の主は日本に置き、アジアでアウトソーシングをする形態。ここでいうアウトソーシングとは、製造業とは異なる、BPOといわれる部分のことだ。特に最近ではITを海外で、積算をアジアで行う事例、実績が数多くある。弊社でも扱っており、プロジェクトは継続中だ。また、人事や給与計算というバックオフィスの役割をアジアで行っている。中国や、その他の国での事例が増えている。ただ、日本の場合コールセンター業務は言語の問題でアウトソースしにくく、あまり日本の実績はない。

このように大きく分けて3つの形態がその国の特徴と連動しながらアジア進出に結びついている。これに加えて、現地で生産し現地で販売するスタイルが台頭しており、次第に主流を担ってきた感触もある。しかしながら、このパターンは相当な資金か、画期的な仕組みかが求められるために大企業にできても中小企業では難しい。私はこの現地生産、現地販売の中小企業による事例が増えてほしいと思っている。つまり、マーケットとしてアジアを捉える視点だ。ここでは、指標をひとつ紹介したい。クレジットカードの普及率とGDPの関係性だ。クレジットとは信用による掛払いなのである一定の所得が求められる。一種のステータスであり、またクレジットカードの普及は購買をスムーズにすることにつながる。つまり、消費の拡大を促すことができるわけであり、この普及率が国のマーケット成熟度に大きな影響を及ぼす。平成24年3月時点での日本のクレジットカードの発行枚数は約3億2000万枚（日本クレジット協会調べ）。タイにおいては2012年時点で1300〜1400万枚、インドネシアも同年で約1400万枚に達している。日本と異なり、アジア各国はこのような統計も当てにはならないものが多いが、ひとつの指標としては参考になるだろう。

最後に、アジアマーケットのもうひとつの可能性として、アジアに限らず新興国をはじめ、世界で注目を集めているBOPビジネスについて簡単に説明したい。BOPはBase Of Pyramidの略称で、一日2ドル、年間1000ドル程度で生活する、いわゆる貧困層のことである。一説には世界で60%の人がこの層に属するというから、格差が広がっている世界情勢を改めて感じる。この貧困層をターゲットとしたビジネスが、特に大企業における社会貢献の観点からも有力視されている。

BOPビジネスは、単純に考えて、ターゲットとする人口が多い。一方で短期的な収益性は見込めず、長期的なブランド戦略とも考えられる。例えば現地の女性たちに販売スタッフとしての教育をしながら、商品の使い方を覚えてもらって同時に消費者として囲い込む。こういう話をすると中小企業にはそもそも無理だと思われるだろうが、私がいつも考えているのはハエ取り紙や蚊帳の可能性だ。私自身、子供の頃、田舎で使っていた。暖かいアジアの国では、虫が媒介する感染症が大変多く、乳幼児の死亡率も高い。虫から身を守ることで病気が防げるという衛生教育も不十分だから、ハエ取り紙をアジアに導入すれば、人々に教えて感謝される。自分たちにできることが喜ばれると素直にうれしいし、その国の発展や課題解決に貢献できる大きな可能性を秘めたビジネスと言えるだろう。

人口ボーナス期が到来する

人口ボーナス期とは15~64歳の生産年齢人口がそれ以外の人口の2倍以上ある状態で、経済成長が加速しやすい時期のことである。これは原則一国につき一回で、日本ではまさに高度成長期がそれに当たる。定義を再確認したうえで、図3をご覧いただきたい。

単純に考えていただきたい。若い世代が増えこれから経済成長をする国でまず何が増えるだろうか。食物だけに限らない。次第に金銭的な余裕が生まれれば、消費単価も上がり、より快適に生きられるよう良いサービスに支出をする。同じように成長段階を辿ってきた日本

アジアの生産年齢人口ボーナスの時期

日本	1950 年～ 1990 年
シンガポール	1965 年～ 2010 年
タイ	1965 年～ 2010 年
中国	1965 年～ 2015 年
韓国	1965 年～ 2015 年
ベトナム	170 年～ 2020 年
マレーシア	1965 年～ 2020 年
インドネシア	1970 年～ 2030 年
フィリピン	1965 年～ 2040 年
インド	1970 年～ 2035 年

図５　アジアの生産年齢人口ボーナスの時期

のことを考えると、今のアジアにはない日本のモノ、サービスがヒットする可能性は十分だ。実際にビジネスを興す過程においてもこれは大変重要な視点である。そして、仮に予想通りに経済が順調に成長した時に、そこには富裕層が成長していることも見えてくるのではないだろうか。シンガポールはアジアの中でも富裕層が集まる国となっているが、それ以外の東南アジア各国にも富裕層はいる。ビジネスの基本は、単価で考えるものではなく、消費者の数である。何を当たり前のことを、と思われるかもしれない。こうした考察だけでも十分魅力的な市場だと気づきつつも、いざ具体的な話を進めようとするといきなり会話や行動が失速するのは日本人の良くないところだ。

アジアの都市は確かに日々刻々と変化をし

ているから、アジア拠点の位置づけやイメージを計りかねる方もいるかもしれない。

海外進出、海外ビジネスはたいていの場合は製造業に端を発する。アジアにおいても、現在ベトナムには200を越える工業団地が敷設されているし、カンボジアでも積極的に企業の誘致が行われている。しかし、今後のビジネスにおいては単なる生産拠点としてではなく、同時にマーケット開拓や業務提携などのビジネスの意思決定フィールドがアジアにシフトしていくことを考えねばならない。コスト削減のためにアジアに工場を据えるばかりでは、やがて引き上げられる現地の人件費に対応できなくなる。数年前まで中国を主な生産拠点とした縫製工場は今やバングラデシュに移動している。人件費はナマモノであり、変化をし続ける。例えばタイに工場を置いた中小企業が、人件費が高騰したからさらに安価な別の国へ、という対応は一度で終わることではない。いずれアジアにその地はなくなる。同時に受け入れたアジアの国も、結局食い物にされた印象しか残らない。お互いにとってメリットがない。

後述するが、アジアの優れた経営者たちは日本人よりも、国や社会のためになる商売をしたい、外国企業と連携して勉強したいという、すばらしい心根の人ばかりである。そういう人を失望させるようではせっかくの日本のすばらしさが伝わらないし、ますます日本の立場がない。

先のマーケットを創造する

アジアの経済的状況やマーケットの可能性についてはある程度ご理解いただけたところで、肝心な消費者たちの生活を見ていく必要がある。

例えば飲食業ではアジアで日本食は大変人気だ。シンガポール然り、またアジアの新興国では第一次日本食ブームが到来しているという。そこで私の知り合いの日本人が経営している飲食店を事例に紹介しよう。この店では寿司を提供している。客層は現地暮らしの日本人が多いかと思いきや、ベトナム人が主要顧客である。ホーチミン市内だけでも数店舗あり、今後は周辺国にも展開する計画もある。この店で提供されるネタは日本で言うと回転寿司のような質とイメージだが、寿司自体はベトナム人のスタッフが実際にカウンターの向こうで握っている。日本で30年やってきた寿司職人には信じられないかもしれないが、これがアジアで大ヒットしている店の実態だ。

日本人が現地で店を構えると駐在員を最初のターゲットにするだろう。無論一から現地の人をターゲットに顧客を開拓することは骨が折れる。しかし、最終的なイメージは現地のミドルに照準を合わせておかねばならない。先ほどの寿司店も初めは日本人客ばかりだった。そのうちクチコミでうわさが広がり、本格的に握った日本の寿司が食べられるという価値を現地の人が認め始めた。彼らが記念日などの食事に利用するようになり、今では中間層の人

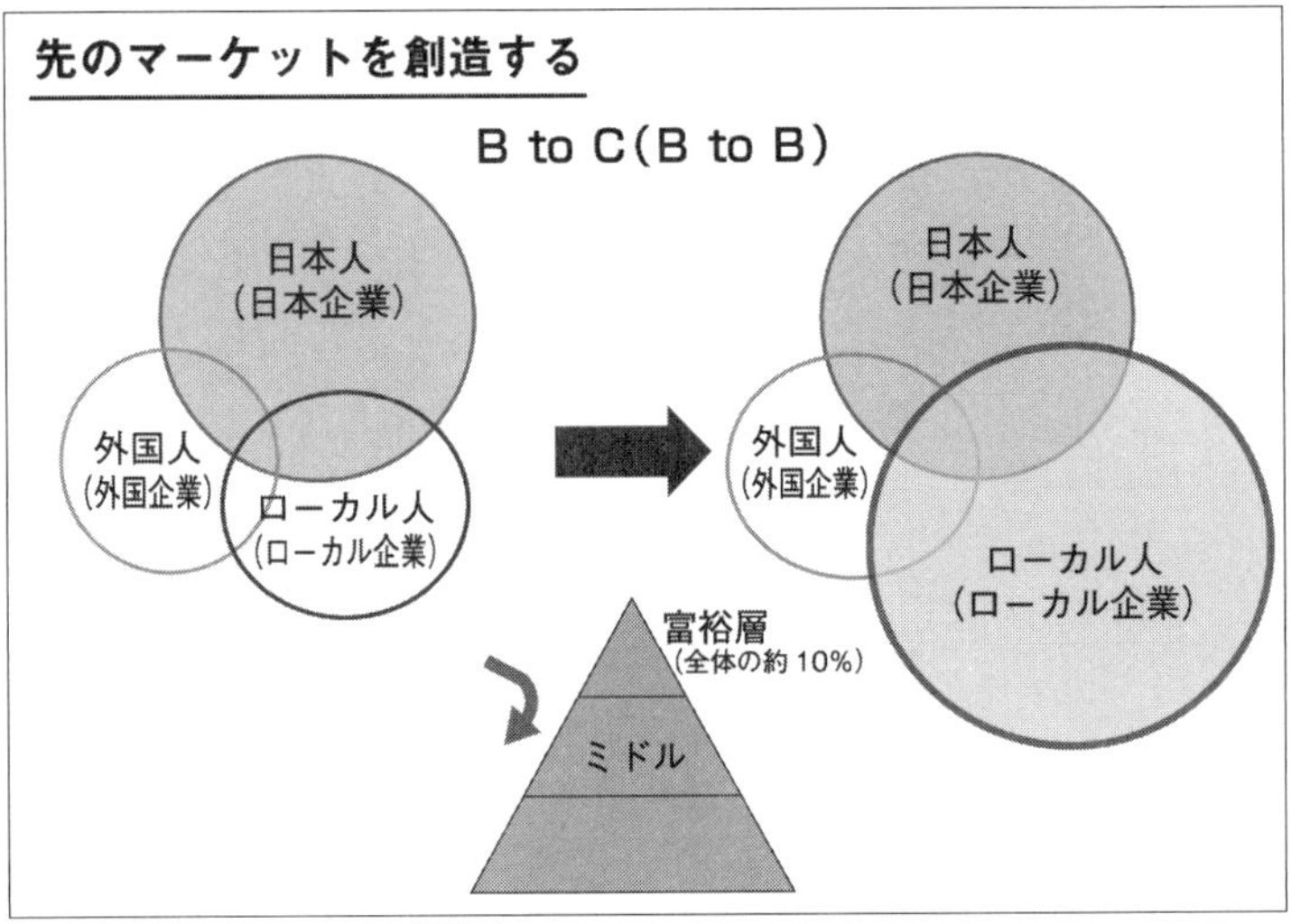

図6　先のマーケットを創造する

たちにも受け入れられるようになって日夜大いににぎわっている。今後はサービスに力を入れることで、さらに日本食レストランとしての価値を上げたいと言っていた。飲食業は特に、アジア進出ラッシュの真っ最中である。これに続く日本の中小企業や地方の味の進出事例が増えてほしいものだ。

こうしたマーケット開拓に秀逸かつ周到な動きをしているのが韓国企業である。今や世界の電子機器業界を席巻するほどになった韓国は、例に漏れずベトナムでも存在感がある。私はアジアへ行くと、決まって韓国語か英語で話しかけられる。私以外の日本人もたいてい中国人か韓国人と間違われる。笑いごとではなく、本当の話だ。日本人はアジアでほとんど認知されていない。車や電気製品を通して日本のことを知る人が多いが、例えば車を自分で運転しない子供にとっては何の影響力もない。韓国が優れていたのは音楽やドラマ、マンガなどのいわゆるコンテンツ産業から現地に侵入したことである。今の中国がそうだといわれるように、経済が成長すると消費は女性が中心となっていく。その際に、消費者が韓国ファンであれば韓国企業が関わっているものに手が伸びるのは当然だろう。市場に浸透することにより、信頼感が得られブランディングが成功する。そのための手段はなるべく生活に密着した分野で早期に市場参入することだ。今後の日本の対策として考えられるのは、日本のいわゆるサブカルチャー文化の頒布である。世界から独自性と秀逸さを評価されているからといってあぐらをかいて待つのではなく、これが日本だと戦略的に差別化してアジアの人たちが〝日本〟と出会う入り口を作っていかねば大きな市場をみすみす逃してしまう。それではますます韓国の独壇場になってしまう。そういう意味では、ジャカルタで日本のプロダクションが関与している現地人のアイドルグループができたということは将来的にはビジネスの突破口になる可能性を秘めているとも言えるだろう。

決して陰口を言うわけではないが、私がベトナム人の友人から聞いたベトナム進出初期の韓国人に対する印象は不満が主だったと思う。行動力はあるが無謀で強引で、問題が起これぱすぐに手放して去っていくと。しかし近年はファッションでも化粧品においても、韓国スタイルが町を闊歩している。ホーチミン市には韓国人富裕層の居住区があり、巨大な韓国資本のスーパーもある。ベトナムに投資しているのは韓国だけではない。ホーチミン市最大のショッピングモールは台湾資本によるものだ。日本は確かにODAなど多額の投資実績があるが、一般の人々にとっては毎日買い物をする場所や楽しく遊ぶ場所の方に目が向くものだ。ベトナムや新興国に注目しているのは日本だけではない。むしろ日本が海外を見るのが遅すぎた。アジア新興国は小売業やサービス業にはますます魅力的な市場になっていくだろう。

こうしたライバル国との競争に勝っていけるのが、日本の中小企業だと私は思う。

今のアジアは昔の日本

すでに各国のGDP値は紹介しているが、読者の皆さんには一度図7のような視点を持ってアジアを見てほしい。

アジアの国々の現在のGDPと戦後日本がどの時点で数値的に到達したかをあらわしている。これを見てもらうと、今のアジアの国々が、かつての日本のどれくらいの時期にあてはまるかが理解できると思う。ここで考えてもらいたいことは、このグラフから多くの『チャンス』を読み取れるという点である。

例えば、今のミャンマーやカンボジアを見てみれば、かつての日本が高度成長期へ向かい始める時期だろう。その時代に、日本で何が求められていたか、何を人々が望んでいたか。

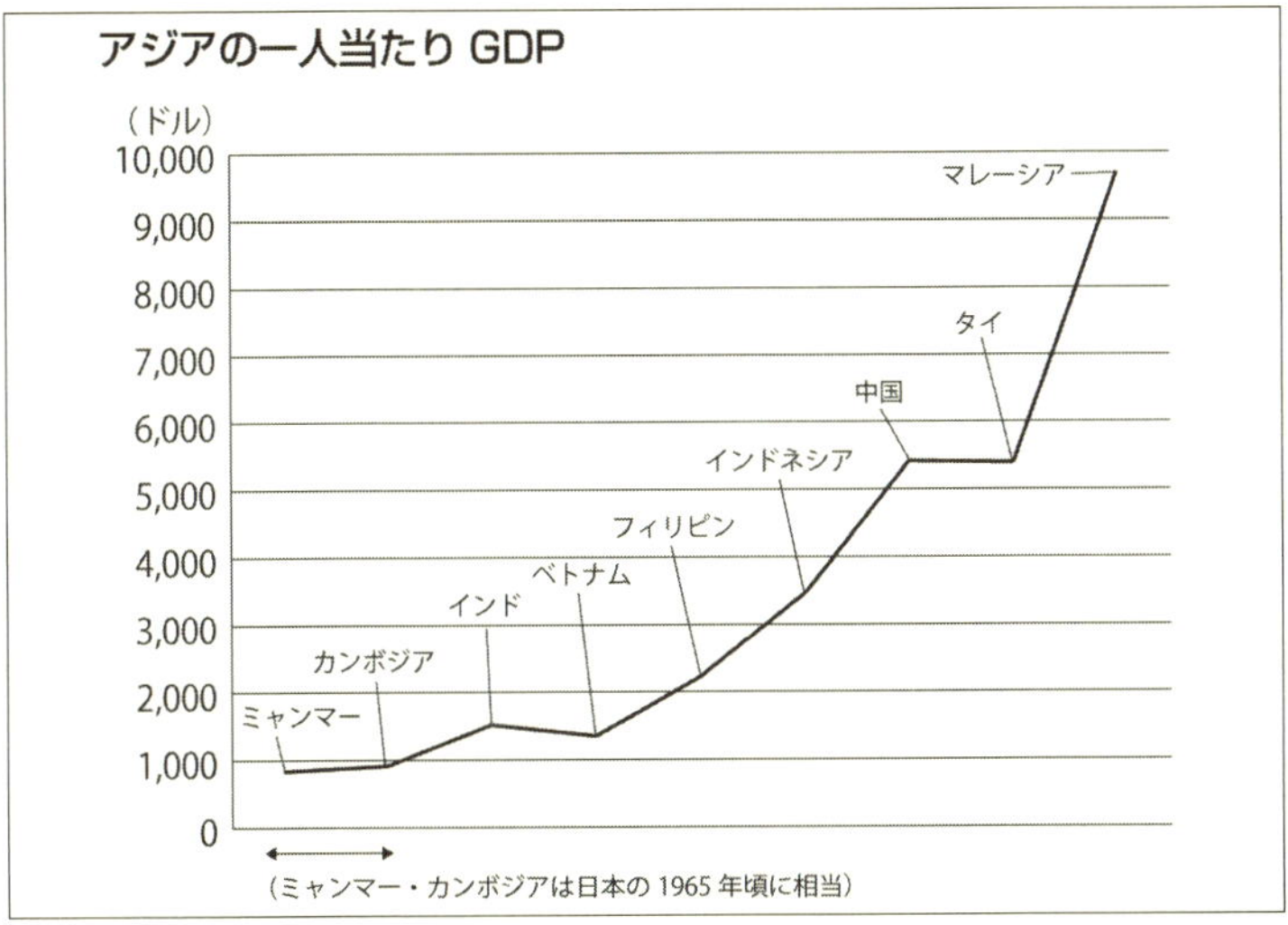

図7　アジアの一人当たりGDP

これを考えていくと、ビジネスのヒントは自然と浮かんでくる。もちろん、この国がタイやインドネシアであっても同様だ。アジアで先進国の仲間入りを果たした日本だからこそイメージできる。ドラッガー的な言葉を使えば「すでに起こった未来」だ。その国で起こっていることをつぶさに観察すれば、おのずと次に起こることが見えてくる。

中小企業的な観点で言えば、このようなチャンスを見つける時期が最も楽しい。特にすべてを自ら作ってきた創業社長ならばなおさらだろう。

現場感覚と生活実感が出発点

私は1年の半分ほどをアジアで過ごしている。月の半分をアジア、残りを日本で過ごすイメージだ。移動の度に無意識に比べてしまうのだが、アジアにはいつ訪れても発見がある。ほんの2週間離れていただけなのに、街の外観が様変わりしているのだ。弊社が事務所を構えるホーチミン市の7区、フーミーフンは、ビジネス誌「東洋経済」が東南アジア特集の記事で、〝東洋のビバリーヒルズ〟と表現したエリアである。流石にビバリーヒルズは言いすぎではないかと思うが、確かに、今までのベトナムと相対的に比較すれば、この記事もあながち誇張表現ではない。平均的な収入ないし生活を送るベトナムの若者には、憧れの一番行きたい、美しい場所となった。この場所は、若者や若い家族をどんどん惹きつけながら、毎日のように変わっていく。またそれにつれ、外国人観光客も目につくようになってきた。加えてビジネスチャンスを模索するためベトナムを視察に訪れる経営者も激増している。彼らも必ずと言ってよいほどこの場所に足を運ぶようになってきた。

わずか3年前まではここは沼地だったと、日本から視察に経営者を招くたびに説明する。私と同世代かそれ以上の方々は皆一様に目を輝かせながら、驚きと懐かしさが入り混じったような反応をされる。物があふれている日本とは違って、新しいものが生まれ、日々進化している環境に身を置くと、ほとんどの人は刺激を受けるし心が躍る。道がひとつできることで、街は変わるのだ。

今のアジアは日本の昔の姿と部分的には同じである。ベトナムやカンボジア、あるいはインドネシアやバングラデシュに行ってもきっとリタイアメントが迫る年代の日本人は火がつ

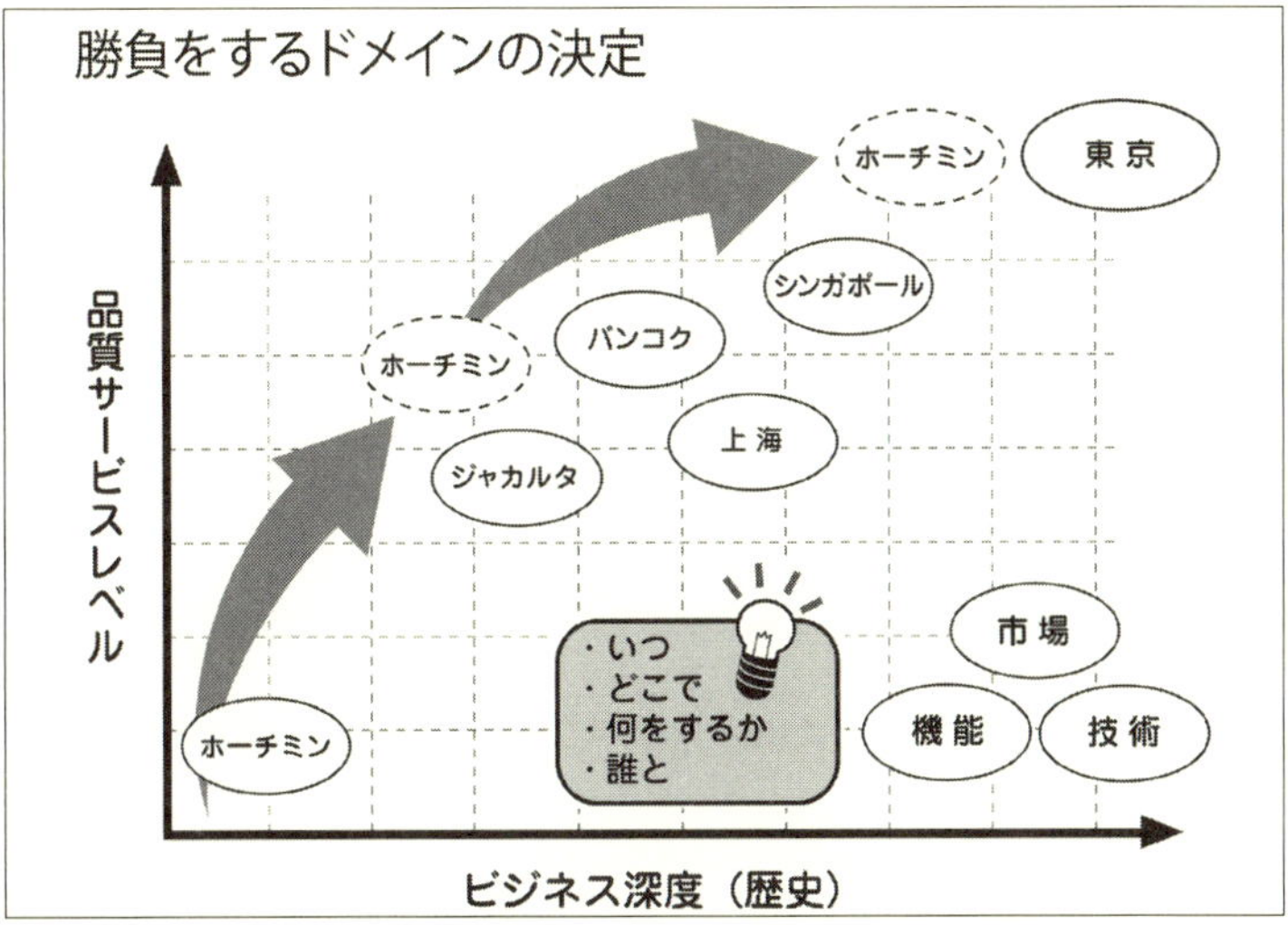

図８　勝負をするドメインの決定

くと思う。先に挙げた国々は、昔の、日本人が元気だったころを思い出させてくれる。例えば、ベトナムはまさに今が建設ラッシュで、活気はひところの日本を思い起こす。しかし、社会や製品の機能性や便利さ、サービスの質などはまだまだのレベルだし、何より日本の街の美しさにはおよびもしない。急ピッチでインフラの整備が進むアジア都市は、建築家の端くれの私が見ても適切な指揮の取れる実務スキルを持つ現場監督がいるとは思えない。日本でそういった時代や場所を経験した方々は、きっと同じように感じるであろう。同時にそこに活躍できる場所があることを再認識できるはずだ。

　興味がないならアジア進出は向かないのかもしれない。しかし、かつて自らが経験した道にチャンスがあるなら試したいと思える方には、アジアは絶好のフィールドとなる。

アジアが魅力的な市場である理由は、各国の国民の所得水準や社会のレベルが異なっている点にもある。日本がかつて通ってきた道、一度経験しているビジネスや場所を選んで、着実に導入すれば進出先は国、都市どこでも射程圏内にあるのだ。

なお、私はアジア進出のモデルを図8のように考えている。

私が言いたいのは、アジアビジネスも適材適所であるということだ。無理はしないに限る。わざわざ、余計なライバルが存在するところに行くのはナンセンスだし、過剰品質、サービスを持ち込んで難しい経営をする必要もない。できるだけマーケットや消費者の現状にフィットする商品を選択することが重要なのである。

パズルを埋めるごとし

戦後の日本は、住宅や電車、道路といったインフラが順次整備され、それと並行して小売店や商店街、ショッピングモールの建設などの整備が進んでいった。その後、インターネットの登場により、小売分野は大きな進化を遂げることになるが、基本的には道路などのハードの建設が進み、その上に流通やサービスなどのソフト分野の開発という流れに変わりはな

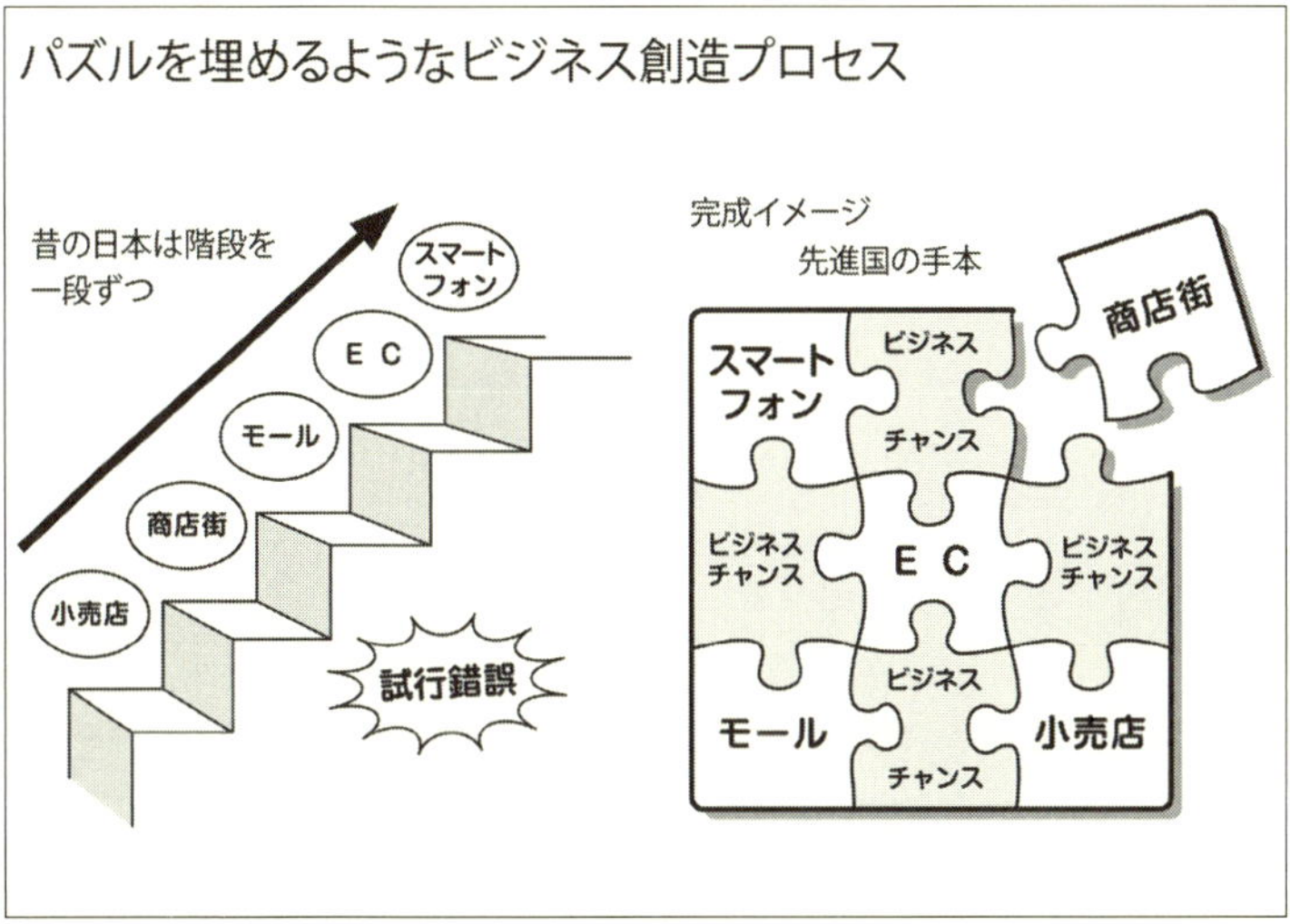

図9　パズルを埋めるようなビジネス創造プロセス

い。

ところが、現在急成長中の新興国は、この日本的なプロセスとは異なる発展を遂げるケースが多い。例えば、ベトナムにおいてもその違いを実感することができる。道路が未整備で、まだまだハード面の整備が行き届かない状況であっても、自動車は日本車がどんどんと入ってくる。

先進国の国家の成長過程を見てみると共通項がある。それは、第一次産業⇩第二次産業⇩第三次産業というプロセスで産業構造が築き上げられていくことだ。畑で採れた農産物を加工し、大型スーパーで販売する。第三次産業は、二次産業と一次産業という土台の上で浸透し、産業として成立していくことになる。ところが新興国については、この産業構造の成立過程とはまったく異なる動きを見せることになる。それが、先ほどのベトナムにおける自動車の例もひとつだ。また、農業技術の進展の前に、ＩＴ技術の普及が進む。そのため、原始的な農業に携わる農家の方々が先進的なスマートフォンを操る光景に出くわすことになる。

私たち日本人からすれば、新興国で起こっているドラスティックな変化の行き着く先はある程度予想できる。ただし、新興国の場合は順序どおりの発展プロセスとはならない。積み木型ではなく、空いたピースを埋めていくパズル型のビジネスとなるだろう。何を埋めればよいかわかったならば、即行動に移せばよい。

これからは「オールジャパン」が当たり前

経済産業省の主管で今後の日本経済における3点の課題から日本企業のグローバル展開を支援する方針を発表している。3点の課題は、内需低迷、地域経済の活性化・産業構造転換、中小企業の復活と若年層雇用の将来不安である。これに対して「クールジャパン」をその糸口のひとつとして捉えている。クールジャパンは、日本のファッションや食などの、コンテンツのことだ。海外ではこれらに対して人気があるにも関わらず、まだ収益に繋がっていない。今後は戦略的な海外展開をすれば外需収益として計上できると見込んでいる。

弊社では、同じ主旨で「オールジャパン」を推進したいと考えている。数年前から独自に展開しているジャパンスタイル事業の基本理念である。ジャパンスタイルとは、日本人が培ってきたカイゼンやプロジェクトマネジメントなどのビジネススキル、古来の文化やエンタメコンテンツ、日本ならではの経験やノウハウ、サービス力などを総称している。諸外国に向け、改めてこれが日本式だと差別化し発信するものだと捉えていただくとわかりやすいだろうか。中小企業が勝負するとなると、ブランドの浸透や宣伝広告に膨大な投資をすることはできない。そこで重要になってくるのが、中小企業が連携して、チーム戦で日本ブランドを浸透させる活動である。業種や業界問わず、むしろ今まで国内においては互いに関係しなかった多様な業界や企業がひとつのミッションを共同で実行する機会にもなる。韓国の電子機器メーカーの世界展開の事例に倣えば、政府のバックアップも併せて「オールジャパン」で対外マーケットの創造・創出に動く必要がある。ビジネスのどこかで日本人が関わる製品、日本人が主体となって行う事業、日本人がマネジメントしているものなど目には見えない日本の仕組みも含めて日本式を認知してもらうことが狙いだ。

2012年、弊社のジャパンスタイル事業に立脚した日本の物産館を造り、地域情報発信とインバウンドの誘致を行うプロジェクトが経済産業省のクールジャパン推進事業として採択された。日本の地方の名産品をアジアにPRする足がかりになるよう推進する主旨だ。実は、これまでクールジャパン推進事業に採択されていた事業は、上海やシンガポールといったアジアの中でも進んだ都市で展開するプロジェクトが主だった。しかし2012年は、中国の地方の都市で展開するプロジェクトやインドネシア、ベトナムといった新興国、新興都市にも認可が下りている。ようやく政府も本腰を入れ始めているので、おおいに期待したいところだ。

まずはやってみませんか

アジアで活動を始めて間もなく20年になる私の目には、アジアは大変有望なビジネスフィールドとして映っている。これを日本中の中小企業の経営者に向けて発信したいと考えているのだが、その際に大切にしているキーワードが「やってみよう」である。

アジアは、また世界は時々刻々と変化している。街並みだけでなく、当然経済自体が動いており、そこにはスピードが肝となる時代になった。弊社は、ベトナムでさまざまな取り組みを行っているが、常に「やってみよう」というパイオニア精神を大切にしている。2009年末のゴルフショップをはじめ、アンテナショップや飲食店を開店させた。ゴルフショップは初めてのことばかりだったが、やってみて実際に進出する際の課題やコツといったノウハウが得られた。最初にゴルフショップを選択した理由はいくつかあるが、中でも重要なのが、「ゴルフはビジネスに有効なスポーツである」と判断したことだ。かつての日本がそうだったように、飛躍的に経済が発展していく中で、エグゼクティブがゴルフを楽しむ機会が劇的に増えつつある。多くの経営者や政治家や社会のリーダー達がゴルフを始める姿を目の当たりにして、ビジネスチャンスだと感じない方が珍しいと思う。例えば、ゴルフ保険は日本では当たり前でもベトナムには数年前まで存在しなかった。ではこれを作ってみてはどうか。こうして成功した日本人もいる。データを見ることも大切だが、現地に行ってみての直感や生活実感からの判断の方が数倍大事だ。

もちろん、アジアの国にいると小売店だけでなく飲食をはじめ山のようにネタがある。現在は、ゴルフショップも2号店をオープンし、順調に進んでいる。各店舗は、オープンから間もないながら手ごたえもある。今振り返ってもやってよかったと思っているし、1年後はさらにどうなるかと考えると胸が躍る。アジア進出には市場調査やフィジビリティスタディを見て現地をわかった気持ちになって進めるよりも、やってみようと思う気持ちを行動に起こして、その後の事業計画や売上にデータを落とし込むくらいがいい。チャンスには何回もめぐり合うだろうし、やり直しもできる。だが、チャンスと思ったときに逡巡してやらないのであれば、何も得るものはないし、わざわざアジアに出ていく必要はないと思う。せいぜい石橋を叩きすぎて、叩き割ってしまうだけであろう。

弊社も中小企業の一社として自負しているが、中小企業は、一般的に大企業と比較して速く意思決定ができる。社長がやると決めたらやるというスタイルが可能であり、そのスピードこそがリスクヘッジになる。現在、飲食業界はベトナムをはじめ各国で進出ラッシュが起こっている。逡巡している間に競合にマーケットを取られたということがすでに起こっているのがアジアの現状だ。あの時行動しておけばよかったのにと後悔しないでもらいたい。

アジアでは、即決できないと負ける。決断と行動における俊敏さが何より大事なのだ。早く動けば、少々こけても起き上がれる。子供の自転車の練習と同じである。

第4章● 先進国から新興国へ

～先進国目線による落とし穴～

世界で、日増しに〝アジア熱〟が高まっている。この流れに置いていかれないように、日本は大企業も中小企業も必死の様相を呈してきた。私も、日本の企業がアジアで生き残っていくために、残されたアジアビジネスのチャンスはそう多くはないと感じている。少なくとも世界中の企業がアジアというマーケットに対して同じことを考えている中で、かなりの出遅れ感がある。こういう危機感も相まって、日本企業のアジア進出熱は強まるばかりだ。もっとも、熱しすぎるということは必ずどこかで冷水を浴びることになるとは思うが、それでも果敢にチャレンジせざるを得ないのがわが国の逼迫した経済の現状だ。そんな中、アジアの現地に足を運び、チャンスの糸口を見つけようとする日本人は確実に増えていると実感する。弊社が主要拠点を置くベトナムでも、訪越者は増える一方だ。

ここ数年で、企業がアジア進出をしたという類の記事は新聞などのメディアでも連日取り上げられるようになった。一方で、企業が撤退するという話は現地ニュース以外の露出が少ない。こうした点だけ見てもメディア情報は一方的になりやすく、経営者、ビジネスパーソンは特に気をつけたいところだ。例えば中国では、毎年進出企業数は増えるものの、同時に撤退企業もこれに比する数を計上するのだという。中小企業にとってアジアはせっかくの好機が見出せる場所だけに、失敗する前に次のような身に潜む落とし穴を把握し、不要な苦労を省いて日本経済がV字回復を実現するアジアビジネスを進めてほしいと思う。

また、日本人の多くが、アジアだけでなく海外に不安を感じている。それは、島国の中で他民族と共に商売をするということがほとんどなかった国である。そのような人々がアジアでビジネスを展開しようと思うと疑問も数多く生じる。そして、いつしか「質問魔」へと変貌する。例えば、今の日本とどにかく比較し、意見を求めてきたり、新聞紙に書いてあることをそのまま信用する人も多い。「現地で稼いだお金を日本に持って帰れるの？」という質問も多い。そのような質問に答えることはやぶさかではない。しかし、その質問に答えて何かが大きく変わるならば、その意味も見出せるだろう。多くの方が「質問魔」になってしまい、肝心の行動が伴わない。

本章では、そんな日本人のよくある思考パターンと行動パターンを例に挙げて解説していきたい。

今の日本ととにかく比べる

日本人は、旅行やゴルフマナーにおいて世界一行儀が良いとよく言われる。しかし、本質を言うと、日本人は世界一わがままでクレームが多い国民でもある。消費者の立場だけではなかなか気づかないが、企業側として顧客対応を考え、実践する機会があるとたとえアルバイトの身でも簡単に実感することができる。顧客は、サービスレベルへの要求が達成すると次にさらに高いサービスレベルを要求するようになる。それを繰り返した結果、相当レベルの高いものを求めるようになり、それが満たされないことがストレスになっている。こうした意味で、私は日本は世界の中で最もストレスが溜まる国であり、その一因が最高級のサービスレベルを追及しすぎていることにあると確信している。皆が、サービスレベルの向上に邁進してきた結果、人間が一番心地よいと感じる水準を越えてしまっているのが日本の現実だと思う。アジアと比べると、強く感じる。

日本の企業は、アジアビジネスに限らず、新しいことにはまず調査をしたいと言い始める。私はそれを聞くたびについ溜め息をつきそうになる。大企業の場合は、責任者や情報の出所を明示することも重要な判断材料なのかもしれない。しかし中小企業には現地で感じた、知った、見た、聞いたといった感覚で十分だ。調査とは過去から現在を知るための要素でしかないし、数字だけでは誰もその国の半年先の状況や未来を予見できない。ならば、何においてもまず第一にお互いの本当の姿、考え方を見て知ることである。それも、日本人があぐらをかいているようでは成立しないだろう。せめてアジアに行って現地の空気を吸うくらいのことはしてほしい。お互いを知れば、そこで縁ができて、ビジネスが生まれる。こうした日本とアジアの、企業と企業の、人と人の橋渡しがひとつの使命だと自負しているし、弊社でもブリッジサービスとして力を入れている。

これからは加速度的に日本からのアジア進出企業が増えるだろう。私は、早くそうなってほしいと思う。日本人にさまざまな現場で体験を積んでほしい。早く、〝今の日本人感覚〟

を取り払ってほしい。〝日本の外〟からの目線で、アジア各国を見たり、その国の人に接することができる日本人はまだまだ少ない。そして、一から自分でビジネスを作り上げるという考えが今の経営者にはない。ほとんどの人が今の成熟した日本と比べようとする。そして、良し悪しを議論したり、日本目線でのビジネスチャンスを見つけ出そうとする。こういう人は減点主義なので、対応には相当骨が折れる。初めてアジアを視察したというならこれも致し方ないかもしれない。しかし、何回もその地に足を運んでも〝日本人感覚〟から脱却できないのが今の日本人なのだ。

メディアを鵜呑みにする

日本という国はメディアの影響度が極めて大きな国である。米国や英国などの先進国と比べても、メディアを疑うことをあまりしない。新聞やテレビの信用は抜群で、そこで報道されたことは一片の陰りもない真実だと思っている人も多い。

そんなメディアがアジアについて数多く報じてきたニュースの中には、ネガティブなものも数多く含まれている。例えばベトナム、カンボジアといった国の話になると戦争や内戦、地雷をイメージする人も少なくない。考えてみれば、ベトナム戦争は終結からすでに35年以上の時間が経過している。日本人のフィリピンに対するイメージに大きな影響を与えた「三井物産マニラ支店長誘拐事件」からは15年以上が経過した。しかし、日本人の多くは当時のメディアが報じたニュースのイメージが焼きついている。つまり、ベトナムやフィリピンについては、その間、日本人のイメージを書き換える報道がほとんどされていなかったわけである。インターネットの時代とはいえ、メディアを鵜呑みにする日本人はまだまだ多い。

そんなメディアの情報だけに依存していては、ビジネスの現場において正しい判断ができないケースも多い。例えば、ラオスは「貧困」というイメージを日本人の多くが抱いている。その理由は単純明快。ラオスの国にはODAなどを通じて、日本が多くのインフラ建設に貢献している。このような角度からラオスを眺めれば、やはり「貧困」と「発展途上」という言葉が鮮明に浮かび上がってくる。しかし、首都ビエンチャンに足を運べば、その印象は随分と変わる。日本がODAで作った道路沿いにはさまざまな飲食店が軒を並べている。高級そうな日本料理店もちらほら存在するから驚きだ。タイ資本の飲食店には、連日連夜、ラオス人が列を作って舌鼓を打つ。バングラデシュも同様だ。日本でのバングラデシュの報道といえば、「貧困」と「洪水」が定番だ。アジア最貧国というキーワードのもと、フェアトレードやボランティア活動にまつわる報道やニュースがその大半を占めている。しかし、首都ダッカに行けば、日本の報道とのギャップに驚くはずだ。整備された幹線道路に立ち並ぶ高層ビルの数々。大型ショッピングモールには平日にも関わらず多くの人々が押し寄せ、ファストフードをほお張っている。高級日本料理店も夜になれば多くの人でにぎわう。

貧困や戦争といったネガティブ情報は、人々の関心をより多く集めることができる。確かにラオスやバングラデシュにおいて貧困は重要な課題であることは事実である。しかし、その一方で、国は発展を続けているし、成長している。ネガティブ情報だけに触れていると、その国の実態を大きく見誤る恐れもある。

その典型例が昨今のミャンマーブームである。ミャンマーという国は軍事政権に対して西側諸国から経済制裁を受けている。日本人のミャンマーに対する見方が変わったのは、米国のヒラリー・クリントン国務長官が同国を訪問した2011年11月からだろう。その前後からミャンマーの報道は以前と比べ、ポジティブなものに変わった。そこから日本企業のミャンマー詣が本格化する。「メディアに影響されたわけではない」と眉をひそめる方もいるだろう。しかし、考えてもらいたい。ミャンマーという国自体は2000年当時も現在も、本質的には何も変わらない。ヤンゴンという商都がこの10年で大きな発展を遂げたわけでもない。首都ネピドーが大きく栄え、大都市へと変貌を遂げたわけでもない。ならば、なぜミャンマーに向かうのか？　その答えは「最後のフロンティア」だからだと、ある人は言う。その「最後のフロンティア」を喧伝しているのは誰だろう？　お気づきのとおり、それを広めているのもメディアである。結局、メディアというものを、私たちは知らず知らずのうちに信用しているのであり、どこかで影響を受けているのである。

勘違いしないでほしい。メディアの情報がすべて不要と言っているわけではない。肝心なのは、判断材料に『自分の眼』という要素を組み込むことだ。マニラもプノンペンもダッカもビエンチャンも、自分の眼でまずは確かめてみるとよい。そして、もうひとつは信頼できる『人からの情報』も参考にすべきである。私たちがベトナム・ホーチミンに拠点を構えたときもそうだ。メディアの情報を鵜呑みにしていては、そんな『辺鄙』（当時の感覚では）な場所で商売を始めようと思わなかっただろう。

中国勢や韓国勢が世界で強いのは、常に現場主義で動いているからだ。誰がなんと言おうが、自分の眼で見たものを信用する。信頼できる仲間からの情報を大切にする。だからこそ、いち早くビジネスチャンスを嗅ぎわけることができるのだ。その点、日本人はまだまだメディア依存が強いと感じる。もっと、複眼的な情報のキャッチアップを行わなければ、常に中国勢や韓国勢に後れをとることになるだろう。

利益を持ってかえることばかり

アジアにおいて、コストメリットは確かに魅力的に写るかもしれない。しかしこれにも待ってもらいたい。先ほどから私が繰り返すよう、アジアは食いものにするものではなく、共に成長するフィールドなのである。もし、アジアにはすでにＯＤＡで貢献しているだろう、という態度の方がおられるなら、アジアに限らず、海外ビジネスはすぐにやめていただきたい。

これは折に触れて私も思うことなのだが、日本人が現地進出で失敗する原因のひとつに、進出した際に関わる同郷の日本人に惑わされていることが多い。初めての自分たちよりもこの人たちの言うことだからと何となく信じてしまうのだ。そこには、ここの国は親日だからとか、その人がどこか特定企業との関わりがあるからという理由もあるように思われる。しかし、中小企業のサイズであれば、自分たちの直感や親近感の方が確実にビジネスの助けになる。よほど心配なら信頼できるパートナーを紹介してもらうか、現地の日本機関に相談する方が良い。

私の考えるアジアビジネスにおける共生は、次のようなモデルになる。アジアに、まず投資をしてマーケットを開拓する。それから、利益として計上されたものは現地に再投資して、さらにその資金で利益をあげる。この繰り返しが最も理想的だ。しかし、現実はそうではない。例えば、製造業の現場ではアジアの人たちを単なるワーカーとして安い人件費でこき使うだけ、と勘違いしている企業も少なからずある。以前弊社に勤務していたインドネシア人スタッフの話だ。前職で何をしていたかと聞いたところ、冷凍の鳥の皮をむき続ける過酷な仕事だったと話していた。しかも、賃金は驚くほど安い。研修生制度を隠れ蓑にしているので表には出ないが、こんな日本企業ばかりが増えれば、アジア人からの目も厳しくなる。

こんな質問も多い。「アジアで稼いだお金を日本に持ってかえれるのか?」。気持ちはわからないわけではない。しかしなぜ、そこまでして日本に還流させなければならないのか。現地で稼いだお金は現地に還元し、そしてまた現地の会社が大きく育っていく。そのような発想をもてないものか。

アジアは利益を搾取する場所ではない。アジアでの商売がアジアの人々にビジネスの知識や技術的なノウハウが伝わるきっかけになる。反面、アジアの人々の趣向を把握すれば、別の製品を投入する戦略も新たに進むかもしれない。お互いがメリットを享受できる関係だ。これは単純に商売をするというだけでなく、アジアの国への還元にもなる。このような企業のあり方こそ、真のグローバル企業ではないだろうか。

〝NATO〟といわれて早何年

日本人は、慎ましやか、謙虚だと美化されている節がある。それを日本人も受け入れながら、逆に盾にして国際社会でも先延ばしが得意になっているように思う。最近、日本人の性格を現す言葉として〝NATO〟という言葉がある。〝No Action Talking Only〟の略語である。中小企業ですら、経営者が行って見ても、話は盛り上がるがいざ事業を進めるとなると二の足を踏む。言うだけで何も実行しない日本人というは、アジアにも知るところとなっている。アジアの人たちは日本人に対し失望感すら抱いている。国際社会を迎えた中で、日本以外は即実行のスタンスでビジネスをする。同じアジアの中国や韓国の企業と比べると、スピードは段違いだ。アジア現地では、特に日本と韓国は明確なコントラストで対比される。韓国の経営者は決断、行動が速い。日本の経営者の決断は遅い。〝いい奴〟ではあるが、決断できない。友人のベトナム人経営者も、「日本はPRが下手、マーケティングが下手だ」と言う。

実はミャンマーでも、最近の日本の視察は4Lと呼ばれている。「Look（見て）Listen（聞いて）Learn（学んで）Leave（立ち去る）」を表す。つまり、視察だけ来て何も投資をしないことを揶揄している。ミャンマーで付き合いのある方は、「やるならば、覚悟を持ってミャンマ

ーと向き合ってほしい」と私たち同様、苦々しさを含ませながら言う。この方も私同様、現地で板ばさみになった経験をお持ちである。
　これを、国民性だとかビジネスのスタンスの違いというなら、それが〝日本人感覚〟ということだ。日本的な考え方に縛られてしまう方にとって、おそらく中国は天安門事件、韓国は通貨危機の時代のイメージなのだと思う。はじめに両国の製品が出始めた時、日本人はそれを「安かろう、悪かろう」と言っていた。それが、今や日本に流通する日用品では、製造元がアジアの国と表示されているものが大半である。飲食店やコンビニエンスストアでも、外国人のスタッフが笑顔を交えたサービスをする。世界的なトップブランドであるはずのトヨタは２０１２年10月発表の世界ブランド番付で10位に何とか滑り込んだの

みで、もはやアジア企業トップの座もサムスンに渡した。こうした事実に向き合って、アジアの可能性を真剣に捉えてほしい。

今、潮目を変えるチャンスが来ている。すでに述べたが、2012年2月末に、私にとって大きな意味を持つ記事が新聞の一面を飾った。東急電鉄社がベトナムで「田園都市」の開発をするというのだ。NATOと呼ばれた日本人が、1年足らずで大企業としては短い期間で海外案件を開拓したのだ。このことはアジアの経営者にとって大変話題となっており、わが事のように嬉しかった。これに続いていくべきは、やはり中小企業だと私は思う。意思決定は早く、そして、やると決めたらやる。行動して形にした時に誠意や信頼というものが評価される。日本でも世界でも当然のことだ。

アジアに出ればライバルだらけ

企業において、競争はつきものである。国内では当然、マーケットシェアの奪い合いを制すべく必死になっているのに、アジアに出た途端に競争意識が抜ける。こういう企業が実際多い。日本でダメだから、まだ日本の競合者がいないアジアでシェアを取ろうというのは余りにも短絡的だ。忘れてはならないのはアジアに出た瞬間、他国のライバルが登場する現実である。アジアを狙っているのは日本だけではない。アジアビジネスでの競合は世界の企業なのである。当然のことだが、日本の中だけで盛りあがっている様を見ると、私にはどうもこの当たり前の視点が欠落しているように見える。

その典型例はまさに今、ベトナムでも起こっている。日本企業は、どこに行けば何ができそうかと視察に出かけるが、たいてい良い物件はすでに他国の手がついている。中国や韓国企業は土地の開発計画の情報を知るとすぐ周辺の土地を購入し、その後に事業計画を考える。この数年の間で日本企業がどれだけ真剣に動ききるか。そこには、やはり具体的なプロジェクトを実行していかない限りは、せっかくのマーケットも外国企業のライバルに取られておしまいという状況になるだろう。日本は東日本大震災で二極化が加速し、出足が鈍った分野もある。ライバルは相手がダメージを受けている時こそラッキーチャンスと思って動いている。これはビジネスという戦場に立つ限り、本音といえよう。結局、日本はさらに出遅れてしまっているのが実情だ。

そもそも韓国は、1997年に金融危機に見舞われ、国の存続も危ぶまれた状態から、アジアや世界に活路を求めて行動を起こした。その結果、アジアや世界のいたるところでサムソンやLGに代表されるナショナルブランドが浸透しつつある。どん底から奇跡の復活を遂げたのである。ある意味、守るものがない状態からの奇跡の復活は、大胆な行動の結果、達成できたのだろう。一方、その頃の日本は経済の低迷期にありながら、まだほとんどの企業が日本国内だけを見ていて危機感が薄かった。まだ大丈夫だろうと錯覚した分、海外進出で韓国より遅れをとった。震災がなければ、危うく〝ゆで蛙〟になるところであった。

このようにアジアでは韓国にかなり先を越されているのが現実だ。400メートルトラック走で言えば韓国は第3コーナーを曲がろうとしているのに、日本はスタートすらしていないような状態である。ビジネスに限らず日韓は何かとライバル関係になりやすいが、アジアでは、多くの国が切磋琢磨しながらでも一方では共存することが重要だ。この両立が最もバランスが良いと思う。韓国がこの数年でやったことは、本気になれば日本にもできる。ただし、全く同じことをすればよいというわけでもないことは念のため記しておきたい。

親日国ってどこにある

アジア人と約25年、公私とも色々と関わって、彼らと接する態度や印象は何も変わっていない。良い意味でも悪い意味でも一緒だ。アジア人と関わっていくならば、まずは彼らの事情、考え、要望をよく理解しないといけない。私には、日本人とアジアの人々はいわばボタンの掛け違いをしているように見える。

日本人は世界で一番尊敬されている国とも言われるが、実際にアジアにおいてはどうだろうか。こういう話でまず挙げられるのはアジアに対する日本のODAである。実は現地の人には具体的な実績はほとんど知られていない。日本はもっとPRを上手にしないと、感謝さえされない状況である。この理由は簡単。日本人の奥ゆかしさからか、こうした実績を現地の人たちにアピールする機会が少ない。例えば、日本のODAで建設された空港を見てみると、わかりやすい記念碑があるのも唯一、ラオス（ビエンチャン）くらい。ホーチミンなどにもあることはあるが、空港内のテレビモニターは韓国企業が独占している状況。一方、インドネシアのジャカルタの道を走る車のほとんどは日本製の新車。こうした光景を見ると、親日国なのだと思いがちだが、実態は異なる。

私たちは日本ブランドに価値があると思い込みすぎていて、そもそも知られていないという事実も、知られないと価値は誰にもわからないということにも気づいていない。例えば、カンボジア人やベトナム人は韓国人と日本人の区別がつかない。日本のファッションとは何か。日本の文化とは何か。東日本大震災の後、東京は大丈夫かと心配される。京都や札幌は日本のどこにあるのか。説明やPR活動をしていかなければならない。これは一例だが、明らかに違うとか、日本はこういうところだという活動をして見せなければならない。「オールジャパン」で払拭するのが私たちの狙いだ。

実際に経営者の友人たちに聞いてみても、もちろん日本に留学したことがあるとか、旅行をしたことがある人はたくさんいる。しかしそれ以上に米国や欧州への憧れは強い。ミャンマーでは、シンガポールやマレーシア、オーストラリア、ベトナムにおいてもアメリカやオーストラリア、シンガポールの方が日本より好きだと言われる。つまり、英語圏の国に人気が集中している。日本と一緒にビジネスをしたいというアジアの経営者も心底から日本が好きという人は少ない。彼らが日本と出会う入口はたいてい日本製の製品であり、「こんな良いものを作る日本人はきっと素晴らしい人間に違いない」という実感に基づいている。

結局のところ、過度に親日国を探し続けても意味がない。その時間があるのならば、自らが現地で親日国を作り上げてしまえばよい。

49%でもいいじゃないか

この本を手に取られた方は少なからずアジアに興味を持っておられると思うので、問うてみたい。アジアにおいて、何を得たいとお考えだろうか。

アジアに低賃金労働力だけを求める進出は限界が見えている。アジアは毎年賃金が上がっているので、コスト削減の観点のみで進出するならば、遠くない将来にまた、他の国を渡り歩くことになる。

人件費の視点ではなく、現地で商売をして稼ぎたい？　日本企業の多くが抱く野望であろう。縮小する日本市場に比べ、アジア市場は右肩上がり。この市場でイニシアチブがとれれば…未来は明るい。そんな純粋な発想で、即実行に移す行動派の経営者ならばよいが、実は意外と面倒な問題も横たわる。

例えば、現地で法人を設立する際に外資１００％で設立できるならば問題ない。すべてが自分たちのコントロール下のもと、会社運営が行うことができるからだ。しかし、そうはいかないケースもある。いわゆる外資規制のある業界へ参入する場合だ。各国共に、小売店をはじめとする飲食店などは規制が設けられ、現地パートナーと合弁会社を設立しないと参入が難しい。その場合、合弁会社の資本比率を気にする経営者も多い。多くの場合は、外国企業が49％で、現地企業が51％。実効支配権を現地パートナーに握らせることをリスクと感じ、なかなか動けない方もいる。

自国の産業を保護するために外国企業の参入規制を設けることは珍しいことではない。日本も同様であり、これは当たり前のこととして割り切って行動すべきである。肝心なのは、資本比率でなく、そのビジネスチャンスを逃さないことである。49％だろうが、新興国でビジネスを展開するならば、それくらいのリスクは覚悟すべきである。アジアビジネスはハイリスク・ハイリターンなのだから。

一方、なぜ今アジアに進出するのか、理由についてはこれまでにも挙げた通りなのだが、日本はアジアから注目されており、焼け野原から経済大国に駆け上がった経緯やスキルを教えてほしいという声に応えるためだ。アジアにはまだ日本でいうプロフェッショナルな職人

が少ないから。そのため、日本の優れた技術の継承は彼らのレベルアップにも繋がるし、アジアはそれを待ち望んでいる。

今のアジアは、道路、電力など日本と比べれば明らかにインフラが整備されていない。小売流通の分野においても、コールドチェーンなどの搬送システムも未整備な点は多い。アジアのみならず、世界を見渡しても東京ほど公共交通網が発達しているところはないだろう。したがって、そういう発達しきった環境しか知らない日本人はすべての準備を整えてからアジアに出ようとするから、今のままのスピード感では到底他国には勝てない。

私が申し上げることがあるとすれば、何かにチャレンジする時、あまり先の結果を考えすぎない方が良いと思う。今の日本人は、情報過多になりすぎて結末や結果のマイナス面ばかりを考えすぎている。だから、諦めも早く、我慢したり、根気も続かない人が多い。無心、一心不乱。アジアではこうした心境で臨まないと結果は出ない。

第5章 ● アジアビジネス成功のポイント

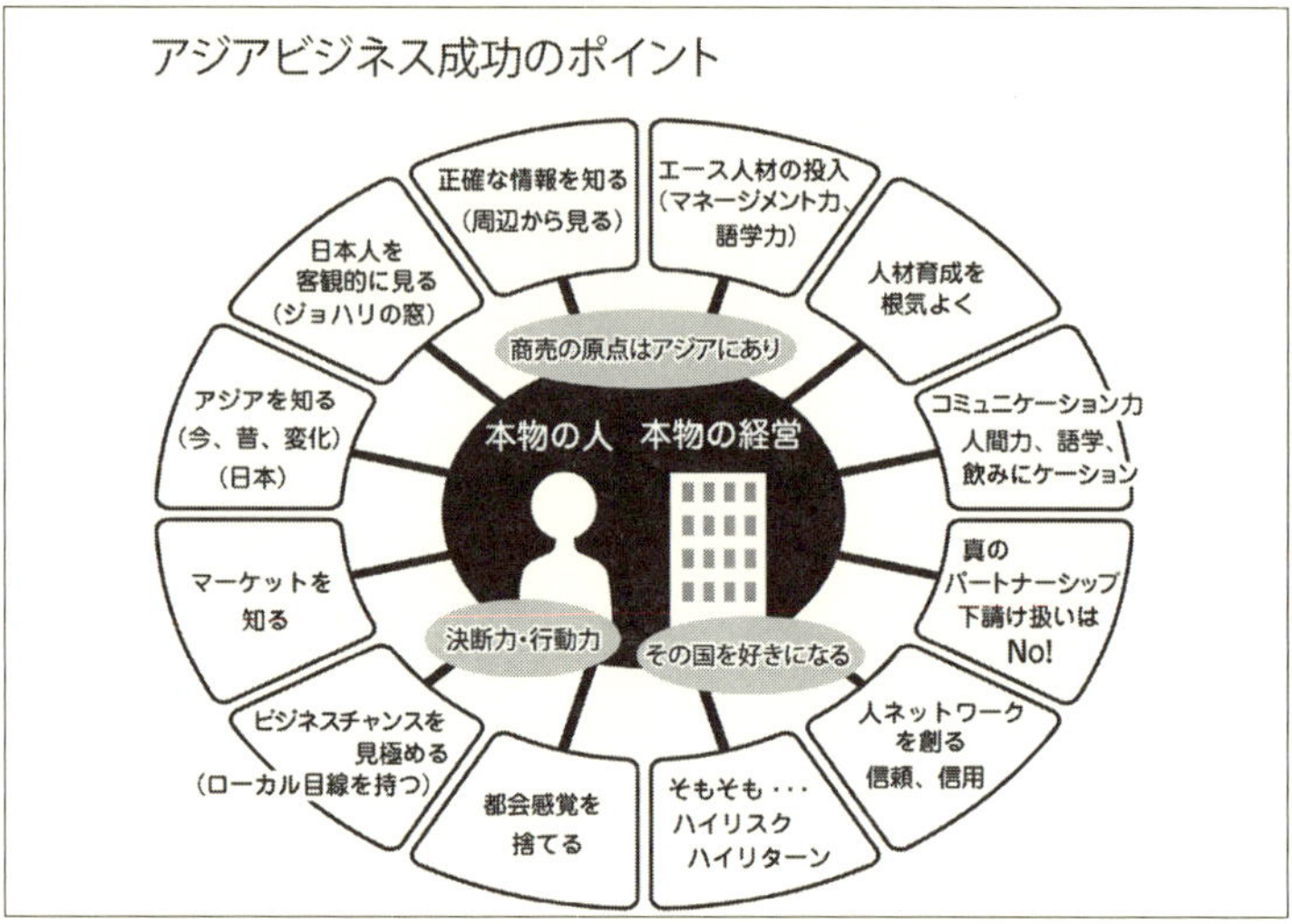
アジアビジネス成功のポイント
正確な情報を知る
(周辺から見る)
エース人材の投入
(マネージメント力、
語学力)
人材育成を
根気よく
コミュニケーション力
人間力、語学、
飲みにケーション
真の
パートナーシップ
下請け扱いは
No!
人ネットワーク
を創る
信頼、信用
そもそも・・・
ハイリスク
ハイリターン
都会感覚を
捨てる
ビジネスチャンスを
見極める
(ローカル目線を持つ)
マーケットを
知る
アジアを知る
(今、昔、変化)
(日本)
日本人を
客観的に見る
(ジョハリの窓)
商売の原点はアジアにあり
本物の人　本物の経営
決断力・行動力
その国を好きになる

図10　アジアビジネス成功のポイント

前章では、私が見てきたアジアビジネスにおいて日本人が陥りやすいポイントをお話してきた。意外に思われることもあったかもしれない。しかし、これが現状でもある。日本人は明治維新でも第二次世界大戦後の復興期においても欧米コンプレックスを持ち、同時にアジア諸国に対しては経済の歴史や社会背景に優越感を持っていると。アジアの人々も終戦後見事に世界第二位の座に躍進を遂げたその姿を尊敬はしているかもしれないが、今、その意識は捨て去ってほしい。アジアから憧れられる日本は、〝過去の〟日本である。時代はアジアが一体となり共生する道の上にある。破竹の勢いあるアジアに対して、日本は今後どういった役割を担うべきか、それぞれの事業に照らして考えていただきたい。もし20年後のアジアにおける事業イメージが少しでも浮かぶなら、その目標を達成するための行動を棚卸し、早速始めよう。

アジアビジネスを20年、と謳うと先見性があるとよく言われるが、弊社は序章に記したように、ベトナムという国にたまたま縁があっただけのことである。そこから今日までの活動において、数々の失敗と少しの成功を経験してきた。以下では弊社がアジアの現場で20年闘ってきた中で得た、成功を導くヒントをいくつかご紹介する。

これからのアジアビジネスにおいて、一部でも助けになることを願って止まない。

まず、相手の国を好きになる

アジアの人々、国々の中には、日本人や日本に対して憧れや敬意を抱いている。しかしこれを逆手に相手を見下すような態度だけは取ってはならないとは、お伝えした通りである。

弊社ではオールジャパンのコンセプトはアジアの方々に日本のことを知ってもらうことだ。現在は主要拠点を置く、ベトナムで本格的に展開している。私もベトナムのことを知って、さまざまな発見もあり、訪れるたびにたくさんのことを学んだ。そして、回を重ねる度に、知れば知るほど、ベトナムやアジアのことがさらに好きになった。

私事で恐縮だが、今後、「ラブラブベトナム」というプロジェクトを推進させたいと思っている。２０１３年は日越国交樹立40周年という記念の1年となる。この年に日本とベトナムを今以上に急接近させたい。その一翼を担えればと思っている。

一方、ベトナム人に日本の姿を知ってもらう「オールジャパン」活動と同時に、日本人にもベトナムの本当の姿を知って、好きになってほしい。そして本気で現地で暮らし、現地の人のために働くことのできる日本人が一人でも増えてほしいと思う。せめて、これまでのような想像や偏見でアジアを見るような日本人、若者の考え方に一石投じられるような活動をしたいと思うのだ。そのためには、まずはビジネスや経済がアジアを向き、彼らにも自然と外を見る力をつけてやらねばなるまい。

企業は営利団体なのだから、利益を上げることをまず第一に考えなければならない。しかし、アジアを俯瞰した時に、「どこが一番儲かりそうか?」という観点だけで行動すれば、うまくいかない。経済も人間も、そんなドライな発想で物事は動かない。相手の国のことを理解し、惚れ込む。だから、そこで商売をしたいというエネルギーが沸いてくる。その想いが人々に伝わり、商売が繁盛する。「理想と現実は違う」という方々も多い。しかし、創業以来、アジアでビジネスを展開してきた私たちが辿り着いた結論といってよい。その国で商売をするならば、その国のことを心底好きになる努力をしなくては。特に、中小企業こそ、このウェットな感覚を忘れないでもらいたい。

パートナーを見極めよ

アジアビジネスは未知なる国への進出である。事前にどれだけ準備をしていこうとも、不安は誰もが当然感じるものだ。もちろん、ベトナムで現地法人の設立を決めた15年前の私も同じだった。それでも未開の地へと一歩踏み出したのは、現地を良く知り信頼できるパートナーがいたからだ。

上記は私の例であり、パートナーとは一言ではくくれないほど種別があろう。日本人で現地に詳しいビジネスパーソン・法人、外国人のパートナー、現地で出会う経営者たち。いずれもパートナー候補である。これらを段階的に、どこからつながっていくかという決まりはないし、重要視するポイントもそれぞれ異なるだろう。ジェトロや商工会議所、大使館などの現地に入っている日本機関もパートナーではないが、頼れる存在である。

ただし、最も気をつけたいのが日本から出ずに実際に現地を見ているとは思えない話をする人だ。データで現地を俯瞰できた気になっているだけでは変化の多いアジアにおいては心もとない。日本の大手メディアの情報も現地に常時駐在しているスタッフがいるわけではないことのほうが多い。それよりはアジアに実際に足を運んで、自分の目で見たものを伝えてくれる人と一緒にビジネスをしたいと思わないだろうか。そして、ベトナムやカンボジアなどの現地の人々の目線も貴重な情報である。

アジアに住まう彼ら自身の感覚はビジネスを進める上で大変頼りになる。しかし、これを得るためにはビジネスパーソンである以前に、本当に彼らから信頼される一人の人間でなければならない。〝NATO〟、またはその予備軍であってはいけないのだ。この点は重々、肝に銘じていただきたい。

もし現地の経営者と同じビジネスの土俵に上がるのであれば、公私共に密な付き合いをしていくとよい。ビジネスにおいては、たとえ相手が専門的でなかったとしても、彼らのネットワークから思いもしない人脈に繋がる可能性もある。アジアの経営者ネットワークは日本人の想像以上に国や地域を股にかけている。良きパートナーにめぐり会うには、まず自分が体当たりでビジネスをする構えでいることだ。人と人の繋がりで国境、国籍を超えて繋がっていく時代である。本気の姿は、言葉が通じなくとも相手に伝わる。ビジネスは結局、何をするかも大切だが、『誰とするか』がより大切である。どこの国の人かが重要なのではなく、一緒に仕事をしたいと相手に思わせることができるかどうかだ。

前述したように、ビジネスだけでなく、時には一緒に思い切り遊ぶ。お酒を飲んだり、ゴルフをする。誘われて郊外の農地や山奥に行く。結婚式に呼んでくれた社長もいる。お葬式に呼ばれたこともある。公私ともども腹を明かして付き合える人を現地で見つけよう。「鬼に金棒」である。

第一次産業の重要性を見直す

日本はすでに社会が発展していることは必ずしも良いとは言えない時代になっている。地球資源、電気の無駄使い、ストレス社会、清潔すぎて病気になりやすいなどと、発展し過ぎてマイナスとなっている面をまず日本が反省しないといけないし、その上でアジアの人々も日本から学びたいと言っていることを理解しないといけない。

私は第一次産業が21世紀において大変有望な産業のひとつと考えている。これは私もアジアの経営者たちから教えてもらったことだ。彼らは今の事業は小売、レストラン、建設と様々だが、必ず農業ビジネスはどう考えているかと聞いてくる。農業ビジネスの事を考えていない人はもぐりではないかというくらい、アジアの経営者は農業のことを口に出す。対して、農家出身者や、関係者は別として、日本の経営者はこの30年ほとんど農業ビジネスに焦点をあててこなかった。アジアの社長たちには経営を始めたときから農業はビジネス構想の真ん中にある。いつか成功したら農業をしようという人はたくさんいるし、日本企業に魅力がなくても私が農家出身だと言ったら途端に真剣に話を始めた経営者もいる。

日本とアジアの国々の、この考え方の違いには驚かされた。地球観と言えば良いだろうか。日本は、食糧は買えばいいという考えになってしまっている。アジアはいまだ農業従事者が多く、国家的にも主たる産業だ。これだけを見てもアジアは日本の40、50年前の世界ともい

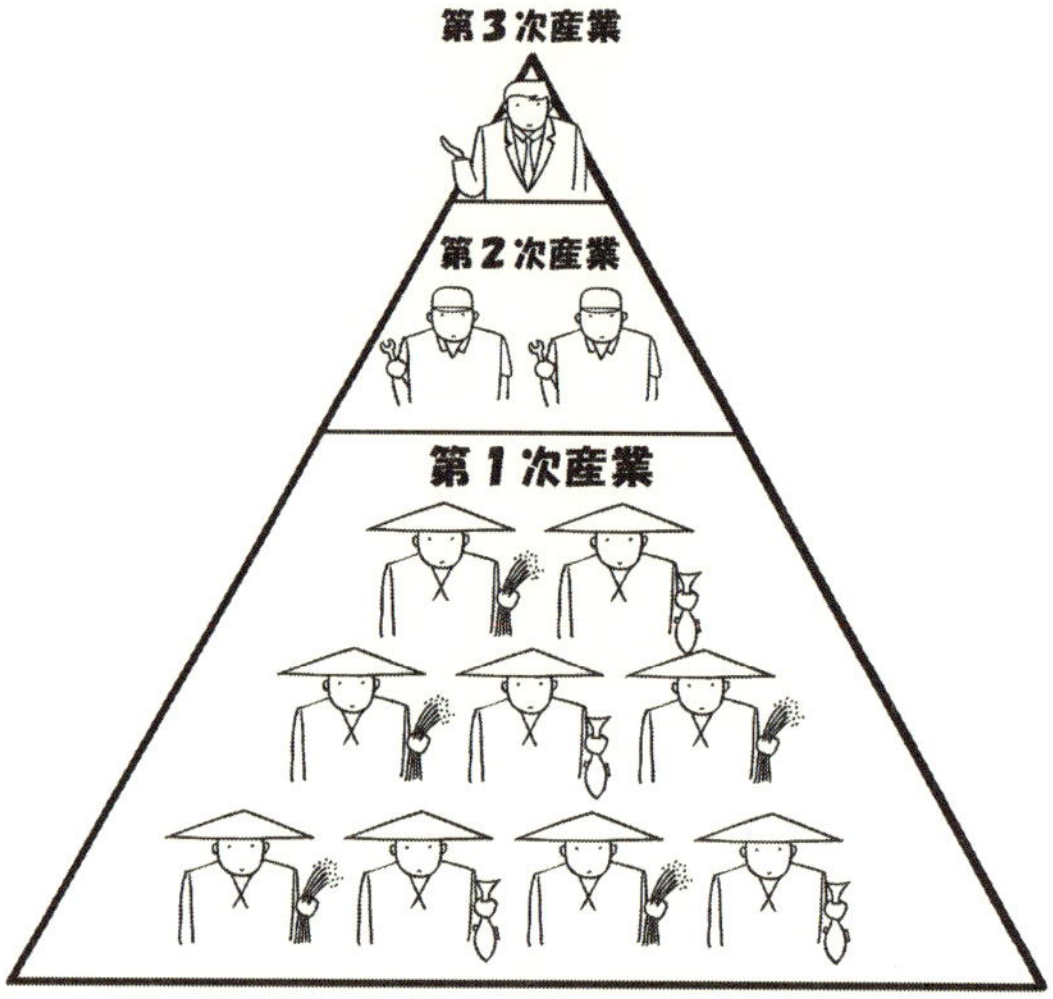

える。このギャップを日本の経営者はわかっていないといけない。ゲームを現地に持っていくよりも重要なことがあるのだ。

アジアの経営者は食糧を自国で賄うことの重要性をわかっている。アジアは経済段階が遅れていると言われているが世界規模で見ると日本よりよほど考え方が進んでいると言えるだろう。技術面では日本が優れているのであろうが、考え方は数段アジアの経営者の方が上位に座している。それを切実に感じているために、日本人こそこのギャップ感に気づかなければならないと警告したい。東南アジアの人々の考え方が日本に近づくことはないから、日本人がそれぞれの国に対して貢献できることについて考えるべきである。だからといって日本の農業技術を教えるという名目で単純労働力だけを頼みにするのは、自国本意過ぎるということだ。

実際に私は日本が提供できるものはたくさんあると思っている。農業にしても、今日本の最先端のトラクターは必要なくて、40年前の日本がそこにあるとしたら20年、30年前の農業のやり方を持っていけばそれで十分なのだ。

現地に貢献するビジネスモデルの構築

進出に際し、最も重要な部分であるモデルについてはこれまで述べたとおり、決め方にもビジネスの進め方にも企業ごとの形があるし、弊社がご支援させていただく場合にもほぼオーダーメイドで対応している。私は1年の半分はアジアで過ごしており、まだ見ぬ方々のため情報収集を行っている状態だ。こうして毎月アジアを訪れている私の目にも、アジアにはいつも発見がある。それだけアジアの発展は急伸的だし、同時に諸外国の取り組みも日本とは全く違う現実を知る。だから、アジアは面白い。

こんなにも魅力的な場所なのだから、ぜひもっと多くの中小企業の経営者にアジアビジネスを本気で考えていただきたいのだ。次々にビルが建ちあがり、空へ手を伸ばすかのような現地の様子はいつ見ても心が躍る。伸びしろを持つアジアの国々と一緒にできることはないかと考えてほしい。

その中で、日本がアジアに貢献できるひとつの可能性としてスマートシティについて考えたい。今よりもより快適に暮らせて、かつ環境にもやさしい。つまり、人間が地球を守ることを意識して生活する都市のことだ。今後、世界でこういった取り組みが増えていくのは自明のことだと思うが、それぞれの国、社会が型をはめるように同じ発展の道をたどるわけではない。しかし、この分野こそ日本が蓄積してきたノウハウの出番である。最先端の技術を使って現地の人々の課題を解決する効率の良い解決策を提示し、その実現に協力する。何度も繰り返すが、日本が経験した過去の経験の中からエッセンスを抜き取って、かき集め、再構築していく。相手国の社会システムの構築に貢献する道筋こそ、日本とアジアの連携の今後の大きなテーマとなると確信している。

そして、日本がアジアに貢献できるのが医療分野である。日本の高度な医療技術はアジアの国々が求めている。都市計画の中で病院は不可欠な存在。医療機器におけるハード面の導入も無論必要だが、何よりも人材というソフト面の導入がこれから何よりも重要になる。実際に、私たちのもとにも「日本の病院と提携したい」と現地の都市開発の担当者が相談にやってくる。

このような現地への貢献という視点は、アジアにおける日本の存在感を高める上でも極めて重要なテーマといえよう。

ビジネスモデルと勝負するネタと場所

昨年、念願の飲食ビジネスをアジアで始動させた。いずれやりたいと思っていたので、オープニングセレモニーの感動もひとしおであった。駆け出しではあるが、アジアビジネスのひとつのモデルとして飲食業を例にしたい。

アジア各国では日本食ブームだと先に書いたが、外食関連の中小企業のアジア進出支援は大変な規模になっている。盛り上がりは以前から感じていたが、ここ2年くらいからスピードが変わった。明らかにギアが1段も2段も変わったと実感してる。その理由は、現地マーケットからの需要が拡大したからだ。今までは日本人が日本人の駐在員のためにレストランを運営していた時代がタイや上海、シンガポールで続いていた。また、新興国、例えばベトナムなどでは、飲食業でもサービス業でもタイに10年ほど遅れているが、駐在員のための居酒屋などは多数存在する。このような店は、今の日本のチェーン店のように、味やサービスの均一化に気を配らなくても、『日本風料理』を提供するだけで日本人駐在員の郷愁を誘い、喜んでもらえる。すると、これを真似て、現地の人たちが日本風料理を作り出す。日本料理は世界中でブームであるが、そもそもの水源はこんなところにある。だから、アジア現地の日本人が運営していない日本食レストランでは、すき焼きを注文したらただの醤油味の焼肉、焼き野菜が出てくるケースも多い。これはすき焼きだけでなく、他の料理も似たようなもの。

実は、これがビジネスチャンスの種なのだ。日本風料理が広がることにより、本物の日本料理を求める声も拡大した。ここに、本物の日本の味と料理、そしてサービスを日本人自身が投下すればよい。アジア現地の人に、ひとたび本物の日本の味を経験してもらえば、虜になるはずだ。なぜならば、日本食は世界でも味付け、健康志向とどれをとっても絶賛されている。それだけでなく、盛り付けの美は見るものを感動させる。つまり、日本食ブームとは、日本食に注目が集まり、本物を知りたい人がアジアには数多くいることを示唆している。こんなチャンスを見過ごすのはもったいない。

爆発的に現地でのビジネスチャンスが増える。ちなみに、ベトナムでは第一次飲食進出ブームがもう始まっている。日本の飲食業進出のバロメーターともいわれるラーメン店の進出数は、1年で4、5店舗増えている。大阪や地方からも進出している。

飲食業は、ビジネスモデル自体は消費者とダイレクトに繋がることができる分、直感的なアイディアや発想が結果に繋がることが多い。アジアに提供できるメニューを選択し、これに需要があると見込めるターゲットのいる場所で展開する。例えば、いくら日本食とはいえ、外国人が満足できる高級レストランが全くない国や都市に、銀座にあるような一流店が進出してもミスマッチであることは理解できるだろう。また、魚の生食に抵抗ある食文化の国では、日本の回転寿司は寿司にこだわっていては収益があがらない。つまり、適材適所、柔軟な考え方が求められる。アジアビジネスとは過剰品質、過剰サービスを現地に持ち込んで難しい経営をすることではなく、マーケットや消費者の現状を把握し、自分たちが持っている商品群の中から、それに見合うものを選択し、提供していくことが重要である。

ベトナム人の経営者が、面白い構想を思いついたと最近教えてくれたことがある。ホーチミン市で、カップ麺にお湯を注いで提供するスタンド運営がきっと当たるというのだ。日本のファストフードはアジアでとても人気が高い。この話を聞いた際思い出したことがある。昔、ベトナムの友人を日本に招き、神戸を案内して回った際、昼食のリクエストを聞いたところ、神戸牛などの特産品ではなく日本のカップ麺が食べたいと言われた。そんな粗食で良いのかとこちらが気を遣ったほどである。彼女は、自分が食べる分だけでなくお土産用にもカップ麺を大量にまとめ買いをし、食事には数種類のカップ麺を少しずつ味見して満足していた。カップ麺スタンドのアイディアを聞いた時、妙に納得したものだ。この飲食業と同じような考え方は小売業にもあてはまる。アジアはまだまだモノが増えていく時代だ。だから、過剰な広告や宣伝をしなくても「使いたい、買いたい」と思う人がいれば売ることはできる。提供する製品、サービス次第でマーケットは無限に広がっているのだ。

水牛とスマートフォン

飲食業がひとつのモデル例とすれば、もうひとつのモデルはＩＴを駆使した現代型の産業やサービスである。これも日本人目線でいてはチャンスに気づかない。ＩＴ関係の技術力は、新興国の中でも特にベトナムは国が力を入れており期待できる。オフショア開発には実績も定評もある。弊社の現地オフィスでも開発や遠隔保守を行っている。また、ミャンマーもＩＴ業のポテンシャルは大変高い。アジアの街を行く一般の人を見るとその手にはｉＰｈｏｎｅなどの携帯端末がある。まだ郊外に出れば道路の整備もままならず、電気が通っていない村があるような地域にもこうした最新技術が持ち込まれている。今の若い人を含む日本人の大半からは考えられない環境だろう。

私はアジア関連のセミナー講演をする際、必ず「水牛とスマートフォン」をネタにお話するようにしている。

「水牛とスマートフォン」とは私のオリジナルの言葉であるが、水牛が歩いているような田舎でも人々はタブレットなどの最新機器を使用してコミュニケーションを取り、情報を入手・発信しているのである。彼らにとっては電車や道路はなくてもＩＴというインフラ基盤がある。もっとも回線の環境は先進国には及ばないが、基盤だけを見れば先進国だとか、新興国といった区別はない。スマートフォンは先進国の特権でも何でもない。日本や先進国の人たちが、水牛から徐々に手作業が機械化されて手作業がコンピュータになって、最終的にiPhoneになったという進化の途ではない。これで何をするかは使用者の自由である。情報化社会において、ハード環境は皆平等になった。使用法は多様化し、新興国では日本人では考えもつかないような新しいアイディアが生まれる。

２０１２年9月、アフリカのナイジェリアで２０１３年中に農業従事者に対して１０００万台の携帯電話機器を配布するという計画が発表された。私たちの感覚とは違って、新興国にとってはモバイル端末はインフラのひとつとして考えられている。携帯することがステータスなどではなく、使うと便利なものという認識でビジネスだけでなく生活にも積極的に導入されている。このナイジェリアの事例では、携帯端末によって栽培法に関する情報の入手や、農家の要望の発信が可能になる。アフリカは零細農家が多く、これまで有益な情報には手が届かない人々が多かったというから、今後の新興国でどのように端末活用が行われ、コンテンツが整備されていくか私自身非常に興味を持っている。

新興国で、例えばスマートフォンを使った通販ビジネスを着想した時、物流がないから事業が成立しないだろうと今の日本人は選択肢を捨てる。しかし、ないなら後で物流をつくりましょう、という感覚がこういった国々の、ひいては昔の日本の考え方だ。こと、ＩＴ関係のサービスはアジアでは必ずしも日本でやってきたことが通用するとは限らない。この「水牛とスマートフォン」というギャップ感覚に大きなチャンスがあると思う。

ITビジネスプラットフォームの活用

新興国がすでに最新のIT機器やIT端末を利用したビジネス、情報発信を行っていることはご紹介したが、これは大変望ましいことである。会議を執り行うにも、時代が違えば通信コストばかりが嵩み、果ては定例報告のみのブラックボックスと化していたに違いない。アジアの担当者にはエースが適任であるが、このスタッフをさらに伸ばすためにも、アジアビジネスを成功させるためにも、経営者ないし幹部層とは密なコミュニケーションをとるべきである。本人の姿が見えないのであれば、なおさらである。

弊社は、アジア事業のほかにIT機器やシステムの中小企業における活用法を自ら創り上げ、実践してきた。今流行のクラウドコンピューティングの一環である。ITツールは適切な使い方を覚えればコスト削減にも結びつくため、ぜひ毛嫌いせずに読み進めていただきたい。

情報活用という分野で長く商売をしてきた身としては、ITツールは新しくなるたび、まずは社内で試用している。携帯端末が発展することで可能性と利便性が向上したし、場所を選ばずできることが格段に増えた。以下簡単に紹介しよう。

・グループウェア

あて先のグループや個人を指定して、社内、組織内での連絡に使われる電子メール。顧客等の外部とのやりとりには使われない。機密事項や社内の会議録などのツールとしても使われる。

・テレビ会議

遠隔地にいるスタッフやお客様と顔を見て話ができる。これにより、例えば国内でも移動費などの経費や時間的なコストが軽減される。ただしインターネット回線を使用しているので、アジアビジネスにおいては各国の通信インフラ環境により使えない日や時間帯が発生することもある。

・スカイプ

国際電話は海外ビジネスをする上では無視できないコストとなっている。スカイプはインターネット回線を用いて通話のできるツールなので、テレビ会議同様、回線がつながる場所であればコストをかけずに連絡を取ることができる。口頭で完了するやり取りであれば有用。

・ブログ

弊社では私のブログを2件、人事用のブログ、またサービスごとのブログやコラム掲載を

行っている。継続して運用するかどうかはその時々の戦略によって変えている。

・SNS

現在弊社が運用しているのは、facebook、twitterである。

Facebookではサービスごとのページを作成している。ベトナムのショップの広告や宣伝はベトナム語と日本語の両方で発信するなどし、世界中からアクセスできるという利点を生かすことができる。

twitterは私が感じたことを電子的に残せる個人的なメモとしても重用している。

SNSやブログは社員教育にも有用である。弊社では全社員に私のブログやtwitterの閲覧を義務付けている

・ファイルストレージ

クラウドコンピューティングのイメージはこの点が一番強いかもしれない。汎用されているのはDropboxとEvernoteだろう。双方ともにファイルを保存する所定の場所と閲覧できるメンバーを指定すればファイルを共有することができる。社外との共同プロジェクトなどでの使用が可能となっている。

ごく簡単にではあるが、こうしたITツールは日々新しく優れた機能を持つ物が出るので、ITが関係ない業態であったとしても情報には敏感になっておかれるとよいだろう。

アジアの「近所付き合い」の実情を知る

今、アジアは大きな変化が訪れようとしている。東南アジア各国を結ぶ大規模な道路が完成を控えているのだ。

私は日本がアジアと共生するにあたって、ベトナムを含むメコンエリアは外せないと思っている。その理由は非常に日本と似た構造を持つという理由のほかに、ロケーションの面でも一考の余地があるからだ。物流を考える時、全てを空輸に頼ることは現実的に難しく、ベトナムは東シナ海の海運における要所なのである。そこで、ここを起点、あるいは終点にして幹線道路が数年前から急ピッチで建設が進められてきた。完成すれば縦横に伸びるハイウェイで、ベトナムからタイの港までを一気通貫で陸上輸送することができる。建設された道路は極めて快適にドライブができる。カンボジアの主都プノンペンとベトナムの首都ホーチミンの間は約300㎞で、車で4時間ほどの距離である。5年ほど前に初めて利用した時にはかなり心配したが、日本並みのハイウェイバスに乗っていれば、ガイドが入国手続きまでしてくれる。実に快適であった。パスポートも盗まれるようなことがないか警戒していたが、所定の手続きの後に問題なく手元に戻ってきた。この地域は一体となって整備されつつある。日本は四方を海に囲まれた島国の感覚が抜け切れないが、東南アジア、特にユーラシア大陸の国々は国境はあっても地続きで繋がっている。これは、アジアマーケットを考える時も重要な要素のひとつと言ってよい。お隣の国の感覚が日本とは異なる。

一方で、アジアビジネスの潮流は少しずつ変わっている。今までは製造業、工場の進出が主流だったが、飲食業や小売も進出をはじめている。生産販売についてもサッポロビール、大塚製薬のように、現地で作ってベトナムと周辺の東南アジア諸国で売るモデルが主流になってきた。

生産販売でビジネスするには私はベトナムがやはり一番と考える。仮にインドネシアに工場を作り、インドネシアで販売をするにはイスラム圏なので、ハラル認証を取得する必要がある。取得自体は大きな障害ではないが、全世界のイスラム圏に売れる権利があったとしても、近隣にはマレーシア、バングラデシュ、インドの一部と確かにエリアはあるのだが、広く、遠くてキャッチアップは難しい。そうすると、ベトナムで製造、販売、リピート顧客を作れば、先ほどの高速道路を使ってベトナム、カンボジア、タイ、ミャンマーを含めてラオスまでという東南アジアで全般的に攻略できる印象が持てるだろう。このパターンは今後も続くと思われる。

アジアの人々は隣国の事情に精通している。経営者たちから、この種の話を聞くのは大変興味深い。自分たちの目で見たものと彼らの意見をすり合わせながら、次はどこの国でどういった仕事ができるかと、毎回の滞在が大変刺激的だ。一例をご紹介すると、ベトナムとラオスは対中国の外交政策のために、強力な提携関係を持っている。中国との国境を接する両国は共同戦線を張っているのだ。このため現地での見解は、「ラオスはベトナムの64番目の省」と言われる。また、日本でベトナム人と中国人のどちらが付き合いやすいかという議論も、カンボジア人に言わせればどちらも同じくらい賢い立ち回りをすると言っている。ミャンマーの姿を見て、ベトナム人の友人は自国の15年前の面影を感じると言う。アジアに生きる彼ら自身の感覚が頼りになるのは当然のことではあるが、これを得るためにはビジネスパーソン以前に、本当に彼らから信頼される一人の人間でなければならない。

アジア人が日本に来る～ローカル都市のグローバルビジネス～

ここまで、アジアの各国、各都市に日本企業が進出することを論じてきた。誤解を招かないようにしたいのは、私の論じるアジアビジネスやジャパンスタイル事業とは何でも国外に持っていきましょうという活動ではない。本物を確かに国内に残す取り組みも同時に必要なのである。つまり、外国人の方にも日本に来てもらうということだ。

東日本大震災のあった2011年、日本に渡航する外国人数は減少した。原発事故への警戒、放射能汚染の危惧が大半の理由だろう。震災の際、私はアジア人経営者の友人から多数の連絡をもらっていた。彼らは皆、弊社のオフィスが東京にあることを知っている。文面には東京は大丈夫かとある。東北で起きた放射能事故や津波現象を海外の人々は東京における災害だと思いこんでいるのである。私はこの時にもアジアにおける日本の存在感の薄さと危機感を強く感じた。

日本の魅力は日本にある。本物はやはり本国で体感してもらうことが最も良い。歴史的建造物、着物の体験、伝統工芸の体験、日本の美しい自然の観察、都市整備の様子。弊社が現地で行う物産館やアンテナショップ等の事業はあくまで認知が本義的なものである。本当にこの文化や街を見たいと思わせる興味付けをするためのものだ。すでに日本へ観光で訪れる外国人の方は多いが、彼らがもう一度来たいとか、もっと他の都市も見たい、もっと日本のことを知りたいと思わせる仕組みやPRを行うことも立派なビジネスである。

こうした実績作りの一環となっているのが弊社が経済産業省のクールジャパン戦略事業のもと運営するホーチミンにおける「日本物産館」である。現在、この事業は省庁、北海道、徳島県といった県と連携している。今後は、他の都道府県の物産も取り揃えていく予定だ。例えば、神戸牛などの地域の特産品や地域の土産物をアジアで展示・販売することで、日本の観光地や日本の地域活性化活動、観光地ビジネスなどの認知を喚起する活動をさらに発展させていきたい。

ご存じの方はまだ少ないと思うが、日本とアジアはすでに第一次産業でつながっている。マグロで有名な静岡県の焼津にはベトナムで捕れた東シナ海の魚介類が輸入されている。反対に、ベトナムでは北海道の根室産のサンマが輸入されている。現地ではすでに「脂ののった美味しいサンマといえば日本の根室」になっている。ブランドや認知というものはこうした身近な接点から始まると思っている。日本の地方には地方の発展の仕方がある、その手段のひとつとして、アジアとの接点という選択肢を考えてもらいたい。

これからはますます日本の地方都市とアジアとのつながりに期待している。例えば、震災で大きなダメージを受けた東北地方は第一次産業が主産業というアジア各国との共通点がある。日本の農業技術もまたアジアからの期待の目を向けられている。アジアの経営者も、実際に農業に従事している人々も日本の技術を求めている。

日本ではあまり知られていないアジアの地方都市は、日本の中堅都市のイメージである。ベトナムやタイには農村地帯が多く、こうした都市と日本の農業の提携には十分に可能性がある。農業分野では、お付き合いのある神戸の女性社長がカンボジアで農業や牛の飼育を始めている。アジアとの関わり方は何をもってアジアと提携するかで選択肢はさまざまに広がる。弊社は中小企業の支援業という立ち位置から、同様に日本の地方とアジアを繋ぐ活動を意欲的に取り組みたいと考えている。

アジア人材活用のススメ

ビジネスにおいて一にも二にも人材教育は重要な面である。企業で一度でも働いたことのある方であればご理解いただけるであろうが、実はこれは先進国の常識なのである。アジアでは経営者はともかく、一般社員には研修の意義がまだ浸透していない。人材に関する弊社の考えは拙著「アジア人材活用のススメ」（カナリア書房）にもあるので参照いただければと思う。その内容の一部をここでご紹介しよう。

アジアの人材が日本で働くには課題がある。まずは政策面での改革を期待したい。現状では介護スタッフとしてフィリピンやベトナムといったアジアの国々からの受け入れが進んでいる。アジアの国は、意外にも高齢化を始めているのが実情である。そのさきがけが中国である。想像に難くないと思うが、一人っ子政策によって新生児の規制が社会的に奨励されたかの国では今後の政策に向けた課題が大きい。今人気のアジア新興国は、この後に続く可能性がある。こうした見解に立てば、介護スタッフの受け入れも見過ごせないアジア連携のポイントになる。せっかくアジアとの国交があるのだから、国家の展望としても取り入れていただきたいと思っている。

次に、ビジネスパーソンとして自らがアジアの人々と働く際のことを考えていただきたい。アジアの社会はまだ成熟していないため、彼らと働くことは「中学生とビジネスをするようなもの」である。かつての日本が今のアジアであると説明してきたが、人材も同様である。日本の経済、人材も40、50年前は中学生のレベルであったのだ。この点を理解し、今の日本人と同じレベルで叱ったり、単純労働力として扱うのではなく、将来の展望や本人のキャリアパスを明示し、お互いの社会と人を理解し合おうという姿勢を見せて行動することである。

前述してきた内容と重複する点があるが、アジアマーケットの魅力やアジアビジネスの真髄はコストメリットではない。ビジネスにおいても、人材においても、日本の技術やマインド、ビジネス観などを知りたいと思っている国や人に対して、ひとつずつ丁寧に教えていくことがアジアビジネスの成功につながるのだ。

アジアにエースを送り込め

日本人のシニアの方々は、確かにアジアの人々からリスペクトされている。日本を作り上げてきた私たちの先輩の方々こそ、アジアで活躍するべき時代だが、時代は待ってくれない。シニア世代の後進を作る必要がある。つまり、若者もアジアで活躍すべき時代が到来している。

では、シニア世代と同じようにリスペクトされるこれからの日本人の若者とはどのような人間か。それが「エース」である。若くてイキの良いだけではいけない。技術に関してはすごいがマネジメントをしたことがない人も遠慮したい。アジアに興味があって、バックパッカーをしたことがあるとか、英語で意思疎通ができるといった理由で登用するのも安直すぎる。旅行程度で少しアジアを知った気になっている人の方が問題を起こしやすいこともあるのだ。

アジアを任せるエースたる人間は、成果をあげることに熱心で、本気で取り組んでいる人がいい。日本の国内でビジネスの意味で結果を出している人でなければ、アジアで結果を出すこともできない。ともすれば現地の邦人コミュニティに巻き込まれて気づけば、当初の理想とはかけ離れた方向に進みだしてしまう。現地スタッフのマネジメントも根気が必要だ。日本人では当たり前のことも、現地スタッフにとっては当たり前ではないことを知る。中学生や高校生を相手に時間かけて教え、育てる。そのようなスタッフを相手にして世界と闘う本気のビジネスをしようというのだから、結果、いい加減な社員を現地に派遣すれば事業としても利益を生み出すことは叶わない。

アジアは、社会と個人という関係性が主で、社会、会社、個人として見たときの会社という存在に対する意識が薄い。したがって、会社への帰属意識も低い。このようなアジア人に対して一から企業の理念や方向性も教えねばならないし、キャリアパスを明確にしておかないと日本人の「石の上にも三年」という忍耐は彼らにない。

ちなみに、アジアビジネスにどっぷり浸かっている私としては、10年後の〝イケている日本の就職事情〟をこういう風に考え、提唱している。それは、社会人となる学生の少なくとも3割から5割は、アジアにある日系企業ではなく、ローカル企業にダイレクトに就職する時代が来るべきだと思っている。逆に言うと、そうならないと、日本の誰もが望んでいる『アジアで存在感を示しながら、ビジネス活動をイーコールパートナーとして進めること』はできないと思っている。

日系企業だから、現地においても上司が日本人で、部下が現地人という構図は徐々に変わりつつある。この変化は序章に過ぎないのである。最終的には、日本人がアジアや世界のどの会社でも個々の真の実力で活躍する時代が来て初めて、日本人も真の意味で、個々に自立したといえるだろう。

現状を見るに、日本の若者は日本人の上司に我慢できなくて、文句を言ったり、途中で投げ出したりしている中で、例えばアジア人の上司の下で働くことなどできようか。そうでなくても、アジアとの競争には勝てない。一刻も早く、甘えた環境から飛び出していける力を身に付けてほしいものだ。

今、アジアマーケットの創造、開拓、獲得で日本は動き出している。若者にはもっと早くから、アジアに限らず外部環境の実態を知り、その上で組織に身を置くこと、自分に価値を付けること、アジアと闘える競争力を持ってほしい。何より、社会に対して感度高くアンテナを張ってほしいものだ。

女性が活躍するアジアビジネス

日本は、女性の幹部登用が先進国の中で最低レベルであるという報道が最近よく目につく。私も実感しているが、改めて言われると残念に思う。アジア諸国は対照的に、世界平均と比べてもビジネスでも女性社会になっているという。国会議員やさまざまな職種で女性の登用率が高いというのは、アジアビジネスをこれから考える方には衝撃を受けるかもしれない。

MasterCardWorldWide によれば、アジアの中で最も高い女性の社会進出度を顕すのはフィリピンで、企業や政府機関における登用の指数だけを比べれば、10倍以上の数値の開き

がある。また、世界経済フォーラムでは同様に男女間の活動機会におけるギャップをランキング化している。2012年3月に公表された結果では、日本は101位と前年から順位を落としていると同時に、世界において女性登用率が下位になっているのである。
アジアの各国と比べると、さらに「遅れ」を実感する。例えば、タイは前述の統計で65位につけている。タイは日本と違って、女性が基本的にずっと働く。子供を持っても、家族の大黒柱として働く。会社を見ても、幹部クラスは女性が多い。確かに、男性より凛としていて仕事ができそうだ。優秀な社員を喉から手が出るほどほしい経営クラスは皆、議論の余地なしで「女性が優秀です」と断言する。大学の進学率を見ても、日本のそれとは違って、高学歴者の女性比率も高い。近隣国

のベトナムでも社会的背景に違いがあるが、概ね似ている。中国は69位で、アジアの新興国同様に日本よりはずっと女性の活躍が目立つ。

第6章●アジアビジネス成功への提言

これからの日本の国、また経済にとって、アジアがいかに重要な意味を持つかご理解いただけただろうか。私は、現地で見て、知って、感じて、そして考えて実際に行動することを繰り返しながら20年を過ごしてきた。この間、日本全体に大きく変化があったとは言い難い。それでもアジアを目指し、アジアでいきいきと活躍する日本人が着実に増えていると感じている。これまでは、序章にすぎない。日本の未来はアジアとの共生の上にのみあり、諸国との連携はまさにこれから強く太くあるべきなのだ。

本章には、アジアの目線で日本を見た私が今の日本社会に、日本のビジネスパーソンに伝えたい思いをまとめた。20年後の日本の未来のための、アジアとの本気のパートナーシップに役立つことと信じて、「アジアビジネス成功の提言」とさせていただいた。

地球を守る経営から考える

実際のところ、日本と同じようにはなりたくないとアジアの人々は思っている。こう言うとショックを受けるかもしれないが、本当の話だ。確かに、日本はほぼ自力で戦後復興を遂げてきた。これは世界にも大きなインパクトを与えただろう。ただし、その裏で浮き彫りになったのが環境汚染や公害の被害だったのである。人間は本質的に同じことを考えている。

新興国の発展の裏では常に排出権や環境に関わるニュースが耳に入る。そして、ともすれ

ば日本においては二酸化炭素の排出を全世界一元的に抑えようとする意図に反する国は何と悪い国なのかという考えが蔓延する。ニュースひとつも、世界の現実を知らなければ何の糧にもならない。

私から見れば、最も地球に貢献できていない国は日本だと思っている。毎日、売れ残った食物が捨てられていく。水洗のトイレは当たり前。これを世界のあらゆる地域で求めていては、地球が何個あっても足りない。以前、地球全体が夜に包まれた状態に加工された写真を見たことがある。あの小さい小さい日本が、世界の中で一番光り輝いているのだ。東京、大阪ならわかるが、私の出身地の徳島でさえ光り輝いていた。ベトナム、ホーチミンのそれと比べてみても、徳島が断然明るい。とても、人口約800万人のホーチミンと約

20万人程度の徳島との差だとは思えない。人間が生活に必要な電力を使うことは自然なことだが、この2都市の違いには違和感を覚える。仮に、発展目まぐるしいホーチミンの今の夜景が徳島の明るさに追いついて、日本のような清潔さをあらゆる国が求める時の地球全体の姿は想像がつかない。

アジアにおいて、日本は環境立国としての可能性も果たせるだろう。これは、なにも日本で環境ビジネスを事業としていなくても十二分に対応できる。例えば、金属の再生工場では、金属片の確実な分別ができるような仕組みや正しい知識をスタッフに教えることもひとつの可能性であろう。一般生活においては、原因は農業に限ったことではないが、中国やインドなどアジアでも先駆けて発展をした国ではすでに水質汚染が深刻だ。そのため、こと命に関わる水については浄水器などを初めとしたビジネスですでにアジア進出をしている。技術を教える、環境にやさしいものを選ぶことで消費者の意思を伝えることができる。今後は、環境を守るということと自分たちの生活を守ることが同義となる時代に入る。その時に日本の反省を生かして、同じ轍を踏まないように導くことも発展の完成図を知る先進国が果たすべき役割のひとつである。少なくとも、アジアの経営者は環境問題に感心が高いのだ。

スキマを知り、王道を極める

私が中小企業こそアジアを目指してほしいと言うのは当然、理由がある。今の日本企業のアジア進出を見ていて、行動力、スピードに欠けるとはお伝えしてきた。日本には、もう一度開拓者として現地に入っていく強さがほしいのだ。

アジアに出て、やはり皆が日本の今のやり方でビジネスができないかと考えると思う。そして、チャンスを見つけても結局、何も行動しないで帰ってしまう。川の向こうに渡りたいのに、橋がないから諦めて戻っていくのだ。しかし、アジアではまだ渡れる橋は数少ない。橋がない中でも、奮闘しながらやっていく、いわばジャングルをかき分けて道を創るのが今のアジアビジネスだ。

また、アジア各国には日本では考えられない規制も数多く存在する。「規制があるから仕方がない」と諦めてしまうのは簡単なこと。しかし、規制という障害物をかいくぐってビジネスを成功させた方も少なくない。第7章では、そのような方々も数多く紹介している。「規制があるからビジネスチャンス」と捉えるバイタリティーが大切だ。

農業を例にとると、ベトナムではジャポニカ米やサツマイモの栽培がすでに行われている。恐らく、過去にベトナムで栽培できるよう持ち込んだ方がいて、努力して失敗を重ねながら栽培法を確立した方がいるはずなのだ。無謀なやり方とは思わない。現地で真摯に取り

組み、現地のことを学びながら時間をかけて完成された行動力に感服する。このようなことが、良いか悪いか、個人だから良いのかというような議論をしたいわけではない。確かに、大企業はコンプライアンスにおいても守るべきルールがたくさんあってすぐには動けないということもあろう。だからといって中小企業が何でもできるわけでもない。重要なのは、チャンスはこのような規制などの「スキマ」に存在するという視点と考え方を持つことである。そのチャンスを見つけたら、行動を起こすこと。今、現地に何があって、何がないのかを知り、自身の業態や事業の中で、またそれ以外でもこれができると感じたことをひとつずつ実にしていく。これに取り組む中でルールを知っていけばいいと私は考えている。冒頭から言うよう、アジアにおいては

アイディアとスピードを重要視したい。ルールを知ることはあとからでもついてくる。

日本にモノは余っている

読者の皆さんはミャンマーに行かれたことがあるだろうか。

両国では、生活の足として日本製の車が大変よく流通している。このことは、日本にとっては極めて重要なテーマである。私も実際に訪れたのは近年で、自分の目で見た時の衝撃は言い表せなかった。特に、ミャンマーでは街中に日本の中古車が溢れかえっていた。日本では廃車になるような車が、東南アジアやアフリカに流れているのだ。15年、20年前の型落ちの中古車や、日本語が書かれた市バスが普通に走っていた。日本からの〝お古〟である。

弊社は創業初期に「おさがりの会」というベビー用品のリサイクル業をしていた。子供服やベビーカーを回収し、カタログを作って注文後は配送まで行っていた。リサイクルの構想は私も長年考えていたことである。アジアをはじめ日本の中古製品に期待が寄せられている現実を知り、今後の展開を模索中である。また、私の友人はベトナムからキューバへの中古ビジネスを始めようと提案してきた。すでにアジアの次のフィールドが彼には見えるのだろう。

以前、有名な日本のファッションブランドが、季節が過ぎた衣類は燃やして在庫処理をするという話を聞いたことがある。日本とアジアが世界と共存するのであれば、その余っている衣類を商売とは別の視点で、モノ不足の国に持っていくべきではないだろうか。

そもそもリサイクルには日本の「もったいない」精神が反映されていると思っている。こうした価値観の普及活動もオールジャパンのひとつと捉えている。古来から日本人が大切にしてきた「もったいない」の精神は今や世界に知られる言葉である。ケニアの女性環境保護活動家であるワンガリ・マータイ氏がノーベル賞受賞のスピーチでその重要さを説き、一躍有名になった。これをもう一度日本が精神的にも、行動面でもリードすることが存在感を高める活動にもなる。

ミャンマーの例に限らず、私はアジアだけでなく、今後は世界をフィールドに中古品を扱うビジネスが盛んになると考えている。しかし、それはいわば地球全体の話で、民間の一企業における視点ではない。

種まきビジネスであれ

「アジアビジネスは農耕型で考える」。これは私が常に提唱してきている考え方だ。なぜ、農耕型なのか？　農業は一朝一夕で結果ができるものではない。最低でも1年のスパンで考え、種をまき、収穫を行う。「1カ月後に利益がいくら出ますか？」というようなマネーゲームに染まりきったような方々には、想像もつかないくらい根気と忍耐が求められる。

また、農業は場所を決めたら動くことはかなわない。作物がとれないからといって、定期的に場所を代えて農業を行うことなど非現実的だ。だから、今年だけでなく来年以降も安定的に作物が収穫できるよう土壌を豊かにする。

アジアビジネスはこの農業に非常に似ている。いわば、「種まきビジネス」なのだ。現地に進出しても、いきなり順風満帆とはいかない。法律の問題、人材の問題、マーケティングの問題など、さまざまな壁にぶつかる。というより、ぶつからない方がおかしい。

人材に例えて話をしよう。アジアの現地では日系企業が求める人材が非常に少ない。前述したように、教育を一から行い、何年もかけて育て、ようやく一人前になる世界だ。日本のように成熟した社会では『即戦力』という言葉で片付けてしまうことも、アジアの現地では叶わない願いである。この人材育成も「種まきビジネス」の典型例なのである。しかし、アジア現地では、このプロセスを踏まず、少しでも近道を求める日系企業も少なくない。引き抜き合戦を繰り広げ、人材の奪い合いに奔走する。金の力にモノを言わせ、人材を右へと左へと動かす。本来の教育がなされないアジア人スタッフの将来はどうなるだろうか。

日本企業の強みは時間をかけて物事を育て上げる力にあると考えている。日本の高度経済成長は、時間をかけたモノづくりと人づくりなくして成しえなかったはずである。だからこそ、今のアジア各国においても、もう一度その基本に立ち返ってもらいたいと心から願って

いる。

欧米企業や中国、韓国企業は、このような長期的なスパンをもってビジネスに取り組むケースは少ない。だからといって、日本企業が彼らと同じ土俵で戦う必要があるだろうか？　これは日本企業同士が現地で今以上に連携する必要がある。種もまかずに作物だけ採れる畑はない。畑に種をまかなければ作物は育たない。冷静になれば理解できる話だが、いざビジネスに身を投じていると忘れがちになる。

『アジアビジネスは種まきビジネスである』という考え方を忘れないでもらいたい。利益も、人も、そして現地における成功も、長い目で見る必要がある。ローマは一日にして成らず。『アジアビジネスも一日にして成らず』である。

アジアインターンのススメ

今後は、日本という国そのものが、世界の中でその存在を試される。こういう時代に突入した。しかし相変わらず学生たちの就職戦線は大手企業が人気である。いわゆる安定志向というものである。次々と変化していく時代に安定志向でどうするのか。私も10年以上前から、若者の安定志向に警鐘を鳴らしてきたし、セミナーや講義で若者に話をする機会があるたびに伝えてきた。

2013年も明け、本当の意味での日本の正念場を迎える今、どうしても日本の若者に伝えたいメッセージは「アジアでインターン体験を!」。私はできれば事業化をしたいとまで考えている。このテーマは弊社のビジネスにおいて収益性が高いわけでなく、まして事業として成立するようなパイもない。10年も先になれば別だが、少なくともこの数年、日本の若者がにわかにアジアに目を向けるとは思えない。だが、少しずつでも、現地にいると変化の兆しを感じる。

先日も、ホーチミンでは日本人客が特に多い5つ星ホテルでインターンする学生に出会った。地方の有名国立大学の学生だ。凛とした立ち姿や上品な話し方から、恐らく日本人でも彼女が学生であるとは思うまい。アジアのサービスレベルは日本に比べると相当なギャップがある。彼女は間違いなく、このギャップの中で相当な学びを得るだろう。苦労して、大いに悩むと思う。私は、こうしたチャレンジをする若者を素直に応援したい。旅行程度ではなく、現地での就業経験を持った日本人にこれからの日本を引っ張ってもらいたいものだ。

とはいえ、現実を見れば日本の若者はまだ内向き志向が多い。中には、アジアどころかなぜ海外に出なければならないのかという人も存在する。「英語が苦手だから」としり込みする人もいる。このような考え方のままでは、日本の将来はお先真っ暗なのだが…。すでにグローバル社会を迎えて久しいわけだから、当然、英語でコミュニケーションをとる機会が増えた。今後、こうした環境下で生きていく日本人にとって、英語は必須条件ともなっていくだろう。その時、日本人はどうするのか？　若者には、自らを含む日本人の英語能力が国際レベルから立ち遅れていることにまずは危機感を感じてほしい。

そんな状況でも少ないながらアジアでインターンを求める若者は存在する。実際、当社でも、この数年間ベトナム現地でインターンを受けて入れてきた。ＩＴの仕事もあれば編集の仕事もある。その中でも当社自慢のインターンの内容は日本のビジネステキストを販売する活動だ。このテキストは、ベトナム語で現地の書店においても流通している。弊社がベトナム人にビジネス教育をするために、テキストとして制作・発売しているものだ。何人もトライしたが、成果を挙げた者は少ない。なぜなら、ベトナム語がまったくわからない。多少は使えるはずの英語も役に立たない。外国人と話したこともない。早速、めげてしまう。これが典型的なパターンだ。

1週間から2週間のインターンのテーマは、ベトナム企業を訪問し、テキストを紹介し、興味を持ってもらうことだ。1週間で100冊の販売につなげるつわものも現れるが、ベトナム価格では1冊あたり200円程度なので大した売り上げではない。今まで日本しか知らなかった学生にとってはこれを知るだけでも相当なショックである。日本では某R社のやり方は有名だ。新人研修でボールペンを売り歩く。1日、テレアポは500件。今でも社会人の入り口でこうしたOJTが行われる会社もある。これと似たようなことをベトナムで体験すれば、日本にいるよりも何倍も、いや10倍以上もの体験になるだろう。若い時のほうが、感受性も高いし、吸収も速い。日本のビジネス社会に毒されてしまうと、固定観念が染みつく。まっさらな時に、東南アジアでの労働を体験する。人生においてこれほどの好機はないと思う。若い頃の体験は、必ず将来の自分のためになり、そして日本のためにもなる。

弊社ではジャパンスタイルショップや焼肉レストランの開店など今後のアジア事業においてサービス業の業態を増やす予定である。私は日本人の学生インターンやアルバイトを活用して店舗の現場を運営したい。もちろん、ジャパンスタイルというテーマは日本のおもてなしの実現もひとつの目標にしている。こうした、日本が誇れるものをインターン生を通してベトナム人に伝える。その積み重ねが、日本の認知につながり、日本や日本人への注目を集めビジネスにもつながるだろう。

アジアでもうひと花咲かせましょう

アジアの変貌ぶりを見ていると、私は大変ワクワクする。現地で見聞きした最新の情報は、アジア関連のセミナーで必ずお話させていただくのだが、昨今、反応は非常に良い。中でも、東南アジアの話で一番火がつきやすいのは60歳以上の方だ。焼け野原の直後というよりも、映画でも大ヒットした、昭和30年代後半の、東京オリンピックが始まる前の時代を体験した世代である。ベトナムでもカンボジアでも、インドネシアやバングラデシュに行ってもきっとこの年代の日本人はすべてがチャンスに見えるだろう。先に挙げた国々は、かつて日本全体が活気にあふれていた頃を思い出させる場所である。そういった時期を経験した方々が、同じ気持ちでまたやろうと動き出す。

私はそれを、「アジアでもうひと花咲かせましょう」活動として、フジサンケイビジネスアイ社で連載記事にも書いた。実際に同じ中小企業の知り合いの仲間の間でも、アジアビジネスをしたいという人がどんどん増えている。まさしく「日本人がアジアを歩けば、ネタは見つかる」である。

日本はアジアの人々からリスペクトされている。これも私がアジアを歩いて初めて実感したことだ。特別の親日派でなくても、日本人はアジアの人々から人間として信頼されている。こと、中小企業でたたき上げで前線を引っ張ってきた社長や技術者の方々は引っ張りだこである。日本を創ってきたプロから学びたい。こういう声は日増しに高まっており、ベトナムなどでは特にその想いが強い。今、この年代の方々は、シニアと呼ばれる事が多い。これは、国語的には、様々な知恵や経験を持った年配の方々を尊敬の念を込めて使う言葉だと私は理解している。ものづくり現場に視点を向ければ、それは匠の技を持ったベテラン職人となるだろう。そういった方々には人付き合い、社会活動などの面でも、実に奥ゆかしい懐の深い方も多い。教育者としても志を持った方もおられる。

今の日本の行く先を憂えて、何かひとつでも日本のためにと志を持ちつづけている方は多い。しかしながら、今の日本社会の中では必ずしもその方々の存在が輝いているとは言いがたい。都会などに行けば、街の姿は若者の色に染まっている。若者はわが物顔で闊歩しているが、シニアの方々が輝ける場所とは言いがたい。これは社会の問題とも言えるが、今の日本の厳しい経済状況、世界の中でのこれからの役割、IT社会の急激な浸透などを重ね合わせると、本来は尊敬し大切にするべき、日本を創造してきた方々の役割が限られてしまっていると思う。

最近は若者もアジアに関心を持ち始めているのだが、率直に述べると今の若者だけがアジアに出ても、容易には人の信用は勝ちとれないだろう。日本を作り上げてきた私たちの先輩の方々こそ、アジアで活躍するべき時代だと思う。

私の構想は、こういったシニア世代と言われる方々の他にも、職人や料理人、デザイナーといった「クリエイター」の役割を持つ方こそがアジアで活躍することだ。アジアにしかない価値観や考え方があるのと同時に日本にしかない価値観、考え方がある。これは日本を知ってもらいつつ、またアジアの人々にも自分たちの考えだけで凝り固まるのではなく、新しい価値観を提供できるからだ。

私は、まだアジアで花を咲かせる活動はできていないと思っているが、すでにアジアでご活躍の先輩の方々は何人もいらっしゃる。これからもっともっと、アジアで今までの智恵、スキル、経験などを活用して、おおいに活躍する方が増えてほしいと思っている。そうすると、おのずとアジアにおける日本人の存在感は増すだろう。

商売の原点はアジアにあり

今年の1月1日の日経新聞、朝刊の一面には早速アジアの記事が躍った。2050年、アジア全体のGDPは世界のそれの半分を超えるという予測値だ。「世界の5割経済圏」としてアジアが君臨する。これはわずか30年先の話である。記事には「日本、ネジ巻きなおそう」と書いてあった。今から何らかの手を打たなければ完全に取り残されるという危機感を誰もが再認識したのではないだろうか。だからといって、やみくもにアジアに進出する企業だけが増えても遅かれ早かれ失敗をする。その要因を少しでもヘッジするためにこの本を役立てていただきたいのだ。

私の考えるアジアビジネスは「商売の原点はアジアにあり」である。繰り返すが、日本の40年前ぐらいのアジアの国に、20年、30年前ぐらいの日本のサービスレベルで商売ができる。クレームや顧客対応のストレスもあまり溜まらない。むしろ日本のサービスレベルや清潔すぎる社会環境の方が異端であることはすでに述べた。

もちろん、今の日本の中にもアジアで役立つことは多い。例えば、技術そのものや業務改善や品質確保についての仕事のプロセスなどを大切にするのは世界で伍する企業を目指すアジアの国々には当然必要なことだ。だからと言って、それをいきなり相手に要求するのは間違いなのである。そもそも、彼らはその概念がないのだから考え方を根気よく教育しなければならないともお話ししてきた。

ビジネスの世界だけではない。一般消費者の動向を見れば自ずとわかる。モノの不十分なところにモノを提供すれば喜んで買う人がいる。それは新品でなくても、最先端の技術でなくても製品の機能、効用の必要を感じている人がいて、需要があれば人は買う。アジアで商売をすると決めた20年前、そもそもの商売の原理に私も気づかされた。単純なものだ。良いものを作って、提供して消費者から喜んでもらって商売が繁盛していく。このサイクルをサービス過多の社会に溺れた日本人は忘れてしまっている。そして、さまざまな社会の制約に縛られた環境に息を詰めるのだ。これでは、仕事が楽しくならない。アジアは、今の日本よりもっとシンプルに、単純な思考でやったことが喜ばれて商売になる。やればやるだけ自分に返ってくる場所なのだ。

アジア人材の育成は産官学の連携で

「アジアで人材を育てることは砂漠に水を撒くようなものだ」。私がアジアで人材教育に取り組みたいと言った際に、あるベトナムの現地法人の社長にこんなことを言われた。多くの人は気後れするのかもしれないが、私は俄然やる気になってしまった。それから、時間をかけ、地道に実績を積み上げながらITエンジニア学校を作ったことはひとつの成果と言えるだろう。日本、あるいはベトナムで卒業生が弊社を含めた日本企業に勤める仕組みづくりに今後も取り組むつもりである。

ただ、私たちの過去を振り返ってもやはり中小企業が単独で現地のスタッフに教育を行うことは難しい。人材教育は時間がかかる。種まきビジネスとすでに述べたとおりだ。結局、目先の結果を求められるビジネスのスピードを重視し、人材教育自体をあきらめてしまう経営者や担当者も多いだろう。一方で、アジアの労働者からは日本の企業に勤める利がないと言われてせっかくの優秀な人材が別の会社へ流出している。こうした現地のギャップ感を埋めたいと私は常々思っていた。

最近、この件で新たな構想を得たのでお披露目したい。今日本に必要なのは産官学の連携した新しいシステムの構築である。それは例えば現行の介護士の外国人登用だけに留まらない、現地とのインタラクティブな動きを持ったシステムでなければならない。それは、現地の日本企業で働くアジアの人々が、キャリアアップやスキルのステップアップできる仕組みである。現状、各企業で日系企業に勤めたことがある人の優遇などの個々の対応はされていると思うが、私が提唱したいのは前の日本企業での取り組みや姿勢が評価されて、その経歴をもとに次の会社でのキャリアプランや給料に反映される、転職も認めながら現地企業間での連合体としてアジアの人材を育てていくことである。例えばその中から、日本で働けるパイプつくりもできるようなら、なお好ましい。

この構想は、やってみる価値があるのではないかと既に社長仲間からも好評をいただいている。繰り返しになるが、アジアは、中小企業が単体で活動するには限界がある。ある程度は人材の流動も許容して、その国に進出している日系企業全体で現地の人々に日本の働き方や技術、ビジネスマインドを含めた教育を施す。これに賛同していただける方と共に、アジアの未来を育成するビジネスをさらに発展させせたい。

日本の果たす役割とは

アジア各国を色々と巡っていると、現地のさまざまな方から日本と日本人について色々と話を伺う機会が多い。その話を聞くと、海外、特にアジアに身を置くと、日本と日本人がアジアにどう関わればよいかというテーマを常に考えさせられる。アジアの人々の多くは、日本という国を尊敬の念を持って接してくれる。そんなアジアへ対して日本が果たす役割とはなんだろうか？

戦後、驚異的な経済復興を遂げた日本だが、その過程で大きな犠牲も払ってきた。公害問題や過度なストレス社会の到来。そして、バブル期を頂点にして、長期の景気低迷期に突入する。次は、世界のどの国も足を踏み入れたことのない少子高齢化社会の突入を経験することになる。悪いことばかりではない。良い面も数多く存在する。そのひとつが「匠の技」を大切にするモノづくり文化である。日本製品が世界に名を知らしめる根底には、古来から続く日本のモノづくりに対するこだわりがある。言い換えれば、品質に対する飽くなき追求だ。そして、過剰ともいえる程の完成されたサービス文化。世界ナンバーワンともいえるほどの顧客サービスを生み出した風土が日本には存在する。

こうして考えると、日本がアジアで果たすべき役割が鮮明になってくる。日本の強みは『やがて訪れる未来における経験』である。環境問題も少子高齢化問題も、これからのアジア各国で顕在化してくる重要なテーマだ。そして、アジアがさらなる発展を目指すときにどうしても欠かせないものが、品質とサービスの両面。ここに強みを発揮できるのも日本である。

考えれば考えるほど、これからのアジアで日本が活躍できない道理はない。そこから意外なビジネスチャンスは見えてくるはずだ。

本物の経営者、本物の会社

アジア進出においては社会の成熟度の違いがリスクである、と言う方がいる。確かに、ひとつのリスクとして捉えておいても問題はない。しかし、各国のカントリーリスクを眺めるだけで、日本に留まるという選択そのものがリスクであるという認識をもっていただきたい。とはいえ、「どんな企業でもアジアに出てきてください」と安売りするつもりは毛頭ない。そもそも、アジアビジネスはハイリスク・ハイリターンの世界である。だからこそ、覚悟が必要なのだ。その覚悟がない企業もしくは経営者の方は、今一度考え直してもらいたい。

覚悟をもって、本気でビジネスの展開を考えている経営者は目先のことばかりに振りまわされない。種まきビジネスの項でも述べたように、目先や自分たちだけの考えで行動することはない。現地の将来のことも見据えてビジネスを進めていく。だからこそ、現地の顧客に対しても真剣だし、人材教育も本気で行う。現地の人々が豊かな生活を送れるようになるためには何が必要かを日々考えている。現地の発展と自社の発展を照らし合わせているからこそ、本気で考えるのだ。

これからのアジアビジネスは本物の経営者、本物の会社に出てきてもらいたいと考えている。もちろん、私自身は常に覚悟を持って真剣に取り組んでいる。本物の経営者に近づけるよう切磋琢磨しているところだ。だが、ベトナムのホーチミンという都市で10年以上ビジネスを展開していて気づいたことが多々ある。正直言うと、アジアの将来のことを考えてビジネスを展開しようと考えている経営者や企業は少ない。だからこそ、これから『本物』が出てきてほしい。

アジアの経営者たちも日本企業を待ちわびている。特に、戦後日本の驚異的な経済成長を支えた中小企業へのラブコールは読者の皆様の想像を超えている。すでに述べてきたように、アジア各国の現地の経営者は日本に学びたいと常々口にする。それは、彼らの私利私欲のために出た言葉ではない。彼らが見据えているのは、自分たちの国を世界レベルの水準まで押し上げたいという一心からである。だからこそ、彼らの期待を裏切ってはいけない。本物の経営者と会社がアジアへ向かい、彼らと手を取り合い、その国の技術力、サービス力を高めてもらいたい。

日本は世界トップレベルの先進国であるということはアジア中の人々が知っている。しかし、現在の状況を俯瞰すれば、日本は新興国の彼らのような「国を何とかしなければならない」という必死さ、使命感を持って動かなければならない時期にさしかかっている。アジアビジネスにおいて、現地の市場規模や所得レベルも大切な要素であろう。しかし、最も大切なことは、私たち自身が日本の将来を憂い、行動を起こすことであろう。この点、私たちはアジアの経営者に学ぶべき点が多いのではないか。

第7章　先駆者に学ぶ
～アジアで成功する発想と行動とは？～

私たちは創業以来のアジアビジネス活動の中において、各国で活躍する多くの日本人の方々と出会ってきた。現地でゼロから創業したパワー溢れる経営者から、日本からビジネスチャンスを追い求め海を渡ったスピード感ある方までさまざまだ。

「運は偶然の結果ではなく、一歩踏み出した人に訪れる必然である」

これは弊社が2004年末に刊行した、中小企業の経営幹部層向けの情報誌の標語である。成功している人に聞くと必ず、自分は運が良いと思う、と言う。私は、運が良いと呼ばれている人とそうでない人の差は一点に集約されると思っている。成功や目標達成を信じて、一歩を踏み出す努力をするかどうか。行動できる人には、幸運につながる橋が架かる。

本章では、実際にアジア各国において活躍している方々にフォーカスして、その発想と行動について学んでいきたい。先駆者の行動哲学に触れることはとても有意義なことである。ぜひ、皆さんも何かをつかみとってもらいたい。

「偶然」からつかんだビジネスチャンス

最初に紹介するのは、1995年からベトナムにおいて人材ビジネスを手掛けるジー・エー・コンサルタンツ株式会社だ。代表取締役の勝本氏が初めてベトナムを訪れたのは1995年7月のこと。大手人材サービス会社で企業採用の支援をしていた同氏のクライアントの1社がベトナムに工場を建設するための訪越だった。

当時から、日本の労働人口の減少が叫ばれており、人材サービス会社で活躍する勝本氏もそのことは十二分に認識していた。海外の労働者も日本にやってきて、共に働く時代がやってくるだろう。誰もが日本の将来像はイメージできる。しかし、それを実現するためには、日本国内においても多くの課題が山積みしており、その抜本的な解決策は示されないまま時が過ぎていく。そのような時代背景の中での訪越が、同氏の運命を変えることになる。

訪越の際に訪れたのがホーチミン工科大学の日本語クラスだった。日本でいえば、東京大学に匹敵するエリート校である。ところが、訪問して話を聞くと資金不足でクラス運営が厳しいという。さらに、日本語を学んだ学生たちの就職口がない。出口が見えない中でも、ひたむきに日本語を学ぶ学生の姿を見て、勝本氏は考える。「日本の企業とベトナムに進出している企業から資金を集め、日本語を学んだ学生の就職を斡旋すれば、大学側にも、日本企業側双方にもメリットがある」と。このようなビジネスモデルを思いついた同氏は大学側に提案を行う。大学側も快諾し、正式に事業がスタートする。

現在では、ベトナム人エンジニアの教育と日本企業への就職斡旋から始まり、ベトナム国内における人材紹介事業、日本におけるベトナム人留学生の日本企業への紹介なども手掛ける。多い時で年間200人以上のベトナム人エンジニアを日本企業に送り出した実績を持つ。昨今、経済成長で注目されるベトナムには、大手人材会社も参入している。しかし、この分野においては同社がトップシェアを誇っている。

小が大を制するには何が必要か？　それは、スピードに勝るものはない。同社のターニングポイントは、勝本氏がビジネスモデルを思いついた際に、即実行に移した点であろう。そして、着実に実績を残してきた。大手企業が参入してきてもその経験とノウハウにはかなわない。まさに、中小企業のアジア進出における正攻法の成功パターンのひとつといえよう。

自ら感じた疑問をビジネスに転化させる

次の事例は在タイ日本人向けにプリビレッジサービスを提供するアトラストレーディング&プロパティ社だ。代表取締役の谷崎氏は1993年、23歳の若さでタイを訪れ、叔父が経営するビルメンテナンス会社に就職した。多くの日本人が生活する首都バンコク。谷崎氏も、このタイの魅力にとりつかれた一人だ。その後、貿易ビジネスを手掛けるなどして、30歳の頃（1999年）に友人と共に同社を設立した。

設立のキッカケは趣味のゴルフにあった。バンコク周辺では多くのゴルフ場があり、同氏もよく通っていた。ところが、その料金形態に常に疑問を感じていた。タイだけではないが、ゴルフ場の多くでは観光客向けと現地向けという2つの料金設定が存在していた。もちろん、観光客向けが割高であることは言うまでもない。日本人でタイに生活する谷崎氏も、観光客向けの「外国人料金」が適用されていたのだ。

「現地価格、せめて在タイの日本人価格でプレーできないものか」

現在、約1万5000人の会員を擁する「クラブタイランドカード」は、谷崎氏のこんな疑問から始まった。設立当初は日本の福利厚生アウトソーシング会社と提携して在タイ日本人がさまざまな特典を受けられるメンバーカードとしてスタート。初年度の会員数は約1700人だった。その後、「クラブタイランドカード」は日本とタイの双方で利用できるサービスを充実させていく。そして、クレジットカード機能も統合し、在タイ日本人にとっての生活の一部となった。今ではサービス加盟店は飲食店をはじめ、エステ、スパ、語学校、デパートなど多彩。加盟するゴルフ場は110カ所以上に達した。2006年には「クラブタイランドカフェ」をオープン。メンバーがくつろげる憩いの場所として好評だ。今後は、日本食品の共同購入サービスなどの提供も検討しているという。

谷崎氏自身、タイで生活する日本人であり、だからこそ経験する不便さや疑問点が多々あった。それをビジネスに転化するにはタイミングも重要だろう。東南アジアでも先進的な都市のひとつといえるバンコクという地で、「さらなる快適さ」を求める人たちのニーズは高まる。そのニーズに応えることができたのは、自身が現地の生活者であるという「視点」にあった。疑問をビジネスに変えることができた要因はここにある。

「思い込み」が「信念」に変わり、「使命」を生み出す

日本国内において、にわかに注目を浴びているミャンマー。しかし、この国の実情を知るものは少ない。「軍事政権」「アウンサンスーチー」という断片的なキーワードが一人歩きしているが、真実はなかなか見えてこない。それは、アメリカをはじめとする欧米諸国の経済制裁の影響から、ここ数年、日本からミャンマーに進出しようとする企業は皆無の状態だった。現地で活動する日本人たちにとっても長き冬の時代であったことは想像に難くない。

そんなミャンマーの情報を得ようとウェブサイトを検索すると、ひとつのポータルサイトが画面に表示される。「ミャンマー現地情報ヤンゴンナウ」である。サイトの運営会社はサナイインターナショナル社。代表は西垣充氏だ。

西垣氏は学生時代にさまざまな国を旅して歩いた。タイを起点として、ベトナム、カンボジア、ラオス……そして、そのひとつの国としてミャンマーがあった。1990年代前半のことだ。ミャンマーの地に降り立った西垣氏の印象は「何とかしなければ」だったそうだ。なぜ、そう感じたかわからないという。単なる思い込みかもしれない、とも。日本に戻り大手経営コンサルティング会社での活動に移ってもその想いは揺らがなかった。結局、

1995年にアウンサンスーチー女史解放のニュースを聞き、いてもたってもいられず、ミャンマーで活動する旅行会社へ転職。再びヤンゴンの地に降り立ったのだ。2年間の旅行会社勤務の後、ヤンゴンにて独立。1999年からミャンマー情報を発信する「ヤンゴンナウ」をオープンさせた。現在は、ミャンマー国内のメディアの取材支援の他、日本からの企業進出支援も手掛けている。

面白い話がある。西垣氏がヤンゴンでビジネスを始めた当初は情報規制が厳しいお国柄であるため、情報誌ビジネスがまだ現地に根付いていない状況だった。日本の賃貸住宅ニュースのような情報誌を作ったら面白いかもしれないと思い、計画を進める。そのような状況のミャンマーだけに広告営業という概念が存在せず、西垣氏はあえて誰もやったことのない情報誌ビジネスに打ってでる。広告営業を雇い、企業に訪問させ、広告の契約を獲得する。先進国ならば当たり前の光景も現地では、ジャングルを切り拓いていくようなもの。その結果、広告の契約はある程度獲得することができた。さらに、他社も西垣氏のやり方を追従し、今では出版社が広告営業部門を作るのが当たり前のようになった。「規制のあるところにビジネスあり」と西垣氏は言うが、そのバイタリティーは並外れている。

初めてヤンゴンに降り立った時の「思い込み」が、偶然を引き寄せ、「信念」に変わった。「将来はNGOビジネスを展開する」という若き頃に抱いたミャンマーに対する使命感は、2009年にオープンした視覚障害者が働くマッサージ店「GENKY」によって一部は結実した。良いことばかりではない。途中で撤退を考えたことも何度もあるという。「日本に戻って工場のラインに立ったこともある」とも。この長き厳しい冬の時代を過ごした先駆者だからこそ、真の水先案内ができるのではないか。

日本の当たり前を新興国へ
――今日注文すれば明日にはお届けします。

日本であれば、特段珍しいサービスでもない。決済も簡単。コピー用紙もボールペンもファイルもオフィスにすぐ届く。

しかし、アジア各国に目をやれば、こんなサービスを展開できる企業は数少ない。ましてや新興国や途上国では、天国のようなサービスだ。そこに着目し、ビジネスモデル化に成功したのがベトナム・ホーチミンで事務用品・文具のオフィス配達サービスを手掛ける「ニャンニャン」だ。

「ニャンニャン」の母体は、自動車の初心者マークなどに使用されるプラスティックマグネットを製造する株式会社マグエックス（本社・東京）である。2000年にホーチミン市に隣接するドンナイ省のアマタ工業団地に工場を設立。ベトナムの地で活動をする中で、日系企業のベトナム市場における販売サポートができないかを考えた。それは、購買活動の経験からヒントを得たものだ。

ベトナムだけでなく、東南アジアでよく発生する購買活動の問題とは以下のような点だ。
・現地の購買担当者がメーカーからキックバックをもらうなどして、購買価格が不透明になる。
・消耗品の購入数が大きくなるなどして不良在庫化が発生する。
・必要な時、必要な数量だけ、タイムリーに調達できない。

これらの問題点は日系企業ならば少なからず頭を悩ましているはずだ。そこで、同社はこの問題点の解消を狙い、2007年から事務用品や文房具などのカタログ通販サービス「ニャンニャン」を始めたのだ。カタログにすべての価格を掲載することで、購買価格の明瞭化を行い、さらに当日注文で翌日配送という迅速性を駆使したサービスを展開することで、日系企業のかゆいところに手が届くサービスを実現している。現在はベトナム企業も併せ、1500社以上へ配送し、カタログには4000以上の商品が掲載されている。

製造業としての進出だった同社だが、現地での経験を通じ、新たなサービスを考案し、ビジネスモデルとして変えることに成功した。珍しい事例のように感じるかもしれないが、今後のアジアマーケットの拡大するニーズを考えるとこのようなケースは増えると思われる。

ちなみに、「ニャンニャン」とはベトナム語であり、日本語に訳すと「はやく、はやく」の意味。日本では当たり前のサービスが、新興国で花開いた好例だ。

理想の農業をタイの大地で実現する

タイの首都バンコクから車で2時間ほど走ると、国立公園にも指定されているカオヤイ山脈にぶつかる。この山脈の中腹には見事に区画整理された農地が広がり、数十種類の野菜、果物が栽培されている。畑仕事に精を出すタイ人に交じって、一人の日本人の男性が丹精込めて育てられた野菜や果物を手に取りながら見つめている。日本人の名は大賀昌。現地のハーモニーライフ社の代表を務める。

大賀氏がハーモニーライフ社を立ち上げたのは1999年。それまでは、医療機器メーカーで台湾やタイでの勤務経験を重ねていた。経歴から見ても農業との関連性はなさそうだ。しかし、彼の作る野菜、果物は現地の高級スーパーやレストランでは定番となり、加工された商品は世界中で販売されている。

大賀氏が農業を志すキッカケとなったのは1992年にブラジルで開催された「地球環境サミット」にある。当時12歳だったセヴァン・スズキ氏の伝説のスピーチに感銘を受け、環境保護で自分ができることを模索し始めたのだ。そして、長年勤めた医療機器メーカーを辞め、滞在経験のあるタイで無農薬有機農業を志すことになった。

バンコク郊外のカオヤイ山脈の麓を農地として定め、活動を開始するが、スタート当初は悪戦苦闘の連続。日本とは気候も異なり、常に害虫との戦いを強いられる。何度も挑戦するが、思うような野菜は育たない。そのため、市場でも売ることができない。タイで農業を始めて5年ほどした時、「これはもうダメかもしれない」と思ったという。資金も尽きる寸前。そこで大賀氏が行き着いた答えは「生命力のある元気な野菜を作ること」だった。農薬を使えば害虫は駆除できる。しかし、同時に野菜も弱っていく。弱った野菜に虫がつく。結局、この悪循環を断ち切るしかないのだ。そのため、土壌改良からやり直し、正しい野菜作りに没頭した。それがピンチをチャンスに変えた。「未経験者だったからこんなことができた」と大賀氏は言うが、確かに農業経験者ならばここまでのことができたかは首を傾げる。そして、「自然と人間の調和」を理念に掲げる大賀氏だからこそ、やり遂げることができたのかもしれない。

タイで大賀氏が展開する農業は、日本から見ればまさに理想の農業。オーガニックレストランを自ら手掛け、さらにハーブティー、モロヘイヤ麺、オーガニックジャム、シャンプーなどの商品開発を行い、世界中に輸出し、成功をおさめている。さらに、タイ国内だけでなくカンボジア、インドといった国々の農家に対して、無農薬農法の研修なども行っている。

農業ビジネスをアジアで……と聞くと、困難の連続ばかりをイメージするだろう。それは事実かもしれない。しかし、大賀氏が展開するような農業が、日本で実現できるだろうか。理想の農業のカタチは、実はアジアの方が実現しやすいのかもしれない。

日本のこだわりをカンボジアに

カンボジアの首都プノンペンは人口約200万人の大都市だ。2014年には日本からイオンモールが出店を予定しており、これから益々、進出ラッシュに沸く都市のひとつとなりそうだ。とはいえ、カンボジアといえば内戦のイメージがいまだ色濃く残っている。国全体の人口が1500万人で、隣のベトナムやタイと比べると見劣りするのは否めない。しかし、将来性という点においては東南アジアの中でも上位にランクインされるだろう。

そんな発展の途についたプノンペンでレストラン事業を展開するのが平岩氏だ。すでに60歳を越えているが、その姿はエネルギッシュそのもの。平岩氏は自ら投資していた木材関連の会社の関わりで1998年、プノンペンの地に降り立った。その後、同社を退職するが、そのままプノンペンで独立し、レストラン事業を展開することになった。

最初にオープンさせたのは日本食レストラン「比摩人（ひまじん）」である。今では老舗のひとつとして数えられる店であるが、当時としては貴重な存在だ。今でも、プノンペン在住の日本人の間では評判のレストラン。現在、店舗は平岩氏の奥様が切り盛りしている。続いて、平岩氏が出店したのは焼肉ガーデン「四季」だ。店舗運営ノウハウに関しては、ベトナム・ホーチミンの老舗焼肉レストランのオーナーを訪ねて教えてもらった。同店もまた、プノンペンでは評判の焼肉レストラン。プノンペン初の無煙ロースターを採用し、平岩氏自身、苦労して仕上げた秘伝のタレが訪れる人たちの舌を楽しませてくれる。実はフンセン首相もお気に入りのレストランとしても有名だ。

今後は「焼肉、寿司、鍋料理の複合店をオープンする予定」とのこと。プノンペン在住の日本人で和太鼓チームを結成し、各地に公演で回っている。「カンボジアはストレスがまったく溜まらない国」という平岩氏。誰もカンボジアに注目することのない時代からこの国を見続けてきた眼で、輝かしい将来性を見抜いているのだろう。

カンボジア胡椒を再び世界に知らしめる

カンボジアからもう一人紹介しよう。内戦で荒廃した同国の産業再生を実現した人物である。その人物の名は倉田浩伸氏。現在、カンボジアの首都プノンペンで故障農園を営み、生産から商品販売を手掛けている。カンボジアに詳しい方ならば、「クラタペッパー」という名前をどこかで聞いたことがあるのではないか。

同氏は中学生の頃からカンボジアの本や映画を見たりして、漠然と興味を持っていたという。その後、湾岸戦争を機に人的貢献がしたいと考え、カンボジアにNGOの隊員として参加する。そこで倉田氏が目にしたのは、いまだ内戦の影響を色濃く残り、産業再生が喫緊の課題であった。カンボジア産業の再生に貢献したいという倉田氏の思いは日増しに強くなる。しかし、NGOの活動には制約が多い。そこで、NGOという活動に縛られず、自分自身でできることを模索する。その結果、NGOから離れ、新たに活動を開始した。

倉田氏はカンボジアの農業に着目した。農業大国のカンボジアだが、産業の一翼を担うところまではいっていない。そこで、農産物を輸出する貿易会社を設立したが、なかなかうまくいかない。思い悩んでいる時に、カンボジアに詳しい祖母の兄から同国の古い農業統計資料をもらい眺めていた。そこに胡椒が記載されていたのだ。これが、倉田氏とカンボジア胡椒の出会いである。この一枚の統計資料が同氏の運命を変えることになる。

倉田氏はカンボジア国内の胡椒生産地の調査に乗り出す。やがてわかってきたことは、カンボジア胡椒は、中世の頃から「世界一美味しい」と品質が高く評価され、ヨーロッパをはじめ、世界中に輸出されていたという事実だ。内戦前から胡椒を生産していたカンボジア人の話を聞き、彼らとともに、胡椒生産に乗り出す。農園を経営し、次第に拡張を始めた。カンボジア胡椒の復活をかけた取り組みが始まった。

倉田氏は胡椒栽培を始めるにあたって、3つの基本方針を定めた。「昔のように世界一美味しい胡椒を栽培する」「農家の人をはじめとして、事業に関わる人々の生活を豊かにすることを目指す」「適正な価格で販売する」の3つだ。そして、現地のカンボジア人が栽培を担当し、流通ルートの確保・販売を倉田氏が行うという役割分担も決めた。中でも、「世界一美味しい胡椒」を目標に掲げたからには、栽培には徹底的にこだわり抜いた。自然肥料を使った農法を採用し、数年かけて木を栽培した。収穫後も、一粒ずつ丁寧な選別を行って製品に加工する。品質管理を徹底した。

当初は、商品を日本で販売しようと考えた。同社の製品は徹底した品質管理を行い、価格は高めに設定している。しかし、日本人の多くは『アジア生産の製品は安いもの』という先入観があり、日本企業に営業しても、値段を聞いただけで相手にしてくれない。しかし、倉田氏は品質に絶対の自信を持っていた。さらに、現地で苦労して栽培に協力してくれた農家の人たちのことを考えると、値引きをするわけにはいかない。そこで、日本への輸出を諦め、カンボジアに訪れる欧米からの観光客や、現地在住の外国人に対して販売する方針へと切り替えた。結果として、それが功を奏した。口コミで商品の良さが伝わり、市場を一気に拡大できたのだ。

今では、ひとつのブランドを確立した「クラタペッパー」。その成功は、倉田氏が常にグローバルスタンダードを意識し、それを頑なに生産活動と商品開発に反映させてきたことにあるだろう。「元々、世界市場で戦う品質があると感じたからこそ、数ある栽培食物の中から胡椒を選んだ」と倉田氏は語る。日本とカンボジアという二国間だけを見ていては、これからのアジアビジネスは立ち行かなくなる。世界市場を見据える視点の大切さを教えてくれる一例だ。

「小さな決意」からアジアを股にかける会計グループが誕生

イギリスから中国への返還という歴史的な一大イベントを10年以上前に経験した香港。国自体の成長と気質の変化を危惧する声も聞かれたが、この10年を見てもそれが杞憂だったことは、力強い成長を見ればよくわかる。ビジネスにおいても、シンガポールの台頭はあるものの、依然、アジアの金融センターであり、世界中の企業が集まり、しのぎを削る激戦地であることに変わりはない。

1999年、この香港の地に日本人による会計事務所が産声をあげた。それだけを見れば、大きな出来事でもないし、ごく普通のこと。しかし、この会計事務所は今やアジアを股にかける会計グループとして大きく成長した。『NAC国際会計グループ』(以下、NAC社)である。現在、NAC社は香港を皮切りに、中国本土の上海、広州、シンガポール、インドネシア、ベトナム、タイ、ミャンマーなどに事務所を開設。現地の日本企業のサポートに留まらず、アジアへ進出を目指す企業の支援も行っている。

代表の中小田氏は、元銀行マンだ。しかし、その銀行を1年で退職。その後、公認会計士として大手国際監査法人に入社し、ここでアジアと深く関わることになる。各都市への出張や旅行で次第にアジアの潮流を身をもって感じる機会が増えたのだ。

その後、独立を決めた際に、彼は小さくとも大きな決意をする。それは、世界の激戦地・香港で勝負することである。今まで見てきた国々の中でも、ビジネスという点ではシビアな場所であることは承知の上。しかし、ここで勝ち残れば、ビジネスのしやすさは他国と比べて群を抜いていることもわかっていた。中小田氏は香港で起業を決意する。日本法人を持たず、いきなりの香港での起業であった。

案の定、香港は想像通り、厳しい場所だった。しかし、電話帳を片手に1社ずつ信頼を勝ち取り、顧客を増やしていくことで光明を見出した。香港という場所柄もあり、香港だけに留まらず、他国の展開を積極的に仕掛ける企業も多い。シンガポールからインドネシア、ベトナムなど。一方で、中国の急成長も見逃せない。アジアグローバルで展開するNAC社は貪欲に各国への進出展開を開始する。日本でいたらなかなか実感できないダイナミックなビジネスの動きも、世界の企業と情報が集まる香港にいれば、ヒシヒシと実感することができる。

今や、各国20拠点へ拡大し、名実共にアジアを股にかける会計グループと成長したNAC社。日本法人も持たず、単身、激戦地の香港で起業した時の決意がスタートだった。確信も、根拠もない。この実行力こそ、ダイナミックなアジアビジネスにマッチしたのだ。

一目惚れしたベトナムに日本の息吹を吹き込む

一言でいうと変な人である。普通の人があまり思いつかない発想と行動力を持っている。それを表す最も適した表現が「変な人」なのである。

その「変な人」とは、ベトナム・ホーチミンで日本とベトナムのコンサルティング業務を手がける越日投資コンサルティング社の代表を務める中川秀彦氏だ。中川氏は元々、生粋の証券マン。そこから日本で政治家を目指し選挙にも出馬したこともあるが、２００６年初めて訪れたベトナムに一目惚れ。一転、ベトナムへ渡り、活動を始めた。

中川氏のバイタリティー溢れる行動力は、現在の日本人は学ぶべきところが多いだろう。ベトナムに入った彼は、信頼できるベトナム人パートナーと共に、投資家向け情報誌「グッドモーニング・ベトナム株」の取材を目的にベトナム有力企業の直撃取材を始める。そこで多くのベトナム人経営者と出会い、議論を交わすことができた。彼が次に行動を移したのは、出会ったベトナムの経営者たちと共に、証券会社を立ち上げることだった。それを見事に実現した。この行動力には頭が下がる思いだ。

ベトナムでの中川氏の活動はそれに留まらない。日本企業とベトナム企業を繋ぐ役割を果たす日越投資コンサルティング社を設立。情報誌の取材で出会ったベトナム企業のコンサルティングを進めていく中で、同社と共にホーチミン市近隣のロンアン省に専門学校を設立し、初代代表者に就任したのだ。

「日本からさまざまなことを学びたい若者はベトナムにたくさんいる。その人たちに、基本的なことから教えていければ」

中川氏はこう語る。

ベトナムだけではなくラオスにも渡り、日本にラオス企業の情報を積極的に送り続け、2012年にはラオス企業を日本に紹介する書籍も発刊した（カナリア書房発刊「ラオス成長企業」参照）。

今は、家族と共にベトナムで生活する中川氏。ベトナムに日本の息吹を吹き込む活動にまだまだ終わりはなさそうだ。

この国の一次産業をアジアにおける一大産業に

——国際農業アントレプレナー

この肩書きを聞いてピンとくる日本人はまだまだ少ないだろう。この肩書き、ジャパンファームプロダクツの代表取締役である阿古哲史氏のもの。年齢はまだ若く28歳。アジアと日本の農業のかけ橋を目指し、現在も日々奮闘中だ。

阿古氏の実家は奈良県にある農薬会社。子供の頃から、農家の方々との親交は深く、時には畑仕事を手伝ったりする間柄だった。農業が身近にある環境で育っていく。しかし、思春期を迎える頃には、農業に対してマイナスのイメージばかりを持つようになる。大学を卒業し、東京のインターネット求人広告会社、人材サービス会社で働くことになるが、実家に戻り家業を手伝うことに。そこから、阿古氏が農業に開眼する。

「農業はやり方次第で、無限の可能性が広がっている」と実感できる一方で、「プレイヤーであり農家は疲弊している」というギャップに悩み始める。少しでも解消するために地域の農産物の直販を開始するなど、色々と試した。そんな中出会ったのが、中国でイチゴを栽培し、販売展開している農業起業家だった。アジアマーケットの関心が高まった阿古氏は中国の各都市を渡り歩き、さまざまなマーケットをつぶさに調査する。そこで見たものは、安全で安心な農産物を求める消費者の声だった。しかし、そこには日本の農産物が届いていない。「ならば、やってやる」と決意した阿古氏は、アジアと日本の農業を繋ぐジャパンファームプロダクツを設立した。

まず、中国・上海に日本の農産物を流通させる関連会社を設立する。そして、2012年4月には東南アジアへ。カンボジア・プノンペンで、同様の会社を設立した。同時に、プノンペン郊外に土地を確保し、野菜栽培に着手した。自然堆肥や土壌改良資材を使った野菜栽培で、現地の日本料理店などからもオファーが舞い込むようになった。

現在は、カンボジアでの活動が急ピッチで進んでいる。プノンペンなどでスーパーマーケットを展開する「ハッピーファーム」と提携し、日本産果物や現地で栽培した野菜などを店頭で販売を開始した。2013年にはベトナム・ホーチミンのイベント会場に阿古氏の姿があった。現場では故郷である奈良県で収穫された柿とイチゴを販売していた。2日間のイベントで柿もイチゴも売れ行きは好調。日本とカンボジアを生産拠点としてベトナムも狙う構えだ。

アジアと日本を繋ぐ国際農業アントレプレナーが次に見据えるのはアジアのどこか?

「若い世代が日本の農業を変える」

言うは易し、行うは難し。一歩ずつ着実に進んでいる人間は強い。阿古氏を見ていると、そう実感する。

あとがき

日本とアジアの往復が頻繁になり始めて、もう10年は経つ。成田空港、関西国際空港に降り立ち、日本の生活に戻ると常に実感する。「日本は恵まれた国である」と。

あらゆるモノがオートマチック化され、サービスも過剰なまでに行き届いている。生活していれば便利極まりない。特に、アジア各国での生活を経験すれば、そのことに大きな価値を見出すことができるようになる。拠点を置くベトナム・ホーチミン市は急速に発展を遂げているが、まだ電車もない。バスは時間通りに来ない。日本ほど衛生的ではない。飲食店やホテルなどでのサービスもまだまだである。しかし、考えてみてもらいたい。日本もかつてはそのような国のひとつではなかったか。インフラもサービスもひとつずつ積み上げてきて、今の日本がある。昔の日本も衛生的でなかった。それは、年配の方の話を聞けばよくわかる。

ところが、「これらの成熟した社会が数十年前から日本に根付いている」と勘違いをする日本人が多くなった。このような方々がアジアの不便で不衛生な街に降り立つとどうなるか。勘違いした日本人の眼鏡でアジアの都市を眺め続けることになる。東京とバンコクを比べる。大阪とホーチミンやジャカルタを比べる。サービスレベルを比べる。衛生面を比べる。コストも比べる。現地の人と日本人を比べる。とにかく比べる……比べる……。

そのような勘違いした眼鏡で今の日本とアジアを比べて何が見えてくるのか？　失望や不安といったネガティブな要素ばかりが飛び込んでくる。発展途上だからこそビジネスチャンスが転がっているという真実をこのような方々はなかなか見つけ出すことはできないだろう。少なくとも、私などはワクワクする未来しか見えてこないのだが……。

日本人の常識がアジアという国ですべて通用すると思っている人は少ないだろう。誰もが、「そんなことはありえない」と頭では理解できている。しかし、行動が伴っていないケースが多い。少し前に『ガラパゴス化』という言葉が流行った。孤立した環境で最適化を進めていくと、いつしか他の環境との互換性、順応がまったくできないものになることを比喩した日本のビジネス用語だ。しかし、人類の進化に大きな役割を果たす技術革新が生まれるプロセスには『ガラパゴス化』が必要だ。ノートパソコンの軽量化も、携帯電話の極小化も、ハイブリットカーの開発も、全世界の人々が今すぐにそれを欲しているわけではない。しかし、技術が時代の先を走り、人々の生活に浸透していく。必ずしも『ガラパゴス化』が悪いわけではない。問題は『ガラパゴス化』により生み出された製品やサービスを、世界の人々に享受できるようビジネスに転化させることができないことだ。頭では、日本とアジアは違うとわかっているし、日本の技術力やサービス力が上位であることも理解している。でも、コストや物価の問題が……ほとんどの日本人はここで思考が止まってしまうのだ。残念極まりない。

アジアでビジネスを展開しようとする際は、日本人の眼鏡ではなく、各国に併せた眼鏡を用意したい。その眼鏡で街を眺めれば、日本の強みを再認識できるし、いかに現地に導入するかの知恵も生まれてくる。しかし、すべてがオートマチックな生活の中ではなかなか見えてこないだろう。

これからの時代は日本人の視点ではなく、『アジア人』の視点が求められる。日本はアジアの一国である。その感覚を忘れないでいたい。そんな視点で、ホーチミンの裏路地の屋台に座って周りを眺めていると、また新しいビジネスアイディアが生まれてくる。ぜひ皆さんも、アジア人の視点でビジネスに臨んでもらいたい。

ところで、本書のタイトル「だから中小企業のアジアビジネスは失敗する」を見て、どのように感じただろうか？　10年後、本書を本棚から引っ張ってきてもらい、改めてタイトルを眺めてもらいたい。その時、読者の皆さんが「失敗していない」と感じていただければ本書の役割は少しは果たせたのではないかと思っている。結局、動かないことが最大のリスクであり、失敗であることを改めて伝えたい。皆さんのアジアビジネスの成功の一助となれば幸いである。

2013年1月

株式会社ブレインワークス　代表取締役　近藤 昇

ブレインワークスグループ

日本とアジアにおいて中小企業総合支援サービスを展開する企業グループ。日本国内向けには、経営戦略支援、人材育成支援、業務改善支援、営業力強化、情報共有化支援、情報セキュリティ支援など幅広いサービスを取り揃える。一方、日本企業のアジア進出支援サービスも提供。15 年以上の活動経験を有するベトナムにおいては、数多くの企業進出支援実績を誇る。その他、タイ、ミャンマー、インドネシア、シンガポール、中国などにおける進出支援も手掛けており、今後はシンガポール、ミャンマーへの拠点開設予定（現在はベトナム、中国に拠点展開)。また、メディア事業も手掛け、関連会社カナリア書房より多数の著書を発刊。自社メディアとしても「Sailing Master.com」を運営している。

アジアにおける事業は小売、通販、メディア、飲食、農業、建設と幅広く展開。2011 年にはベトナム・ホーチミン市で「Japan Style Shop」をオープン。また、同市を中心に日本の飲食店開業支援を推進している。

アジアと日本を結ぶ総合支援事業としてアジアブリッジサービスを提供し、アジア企業と日本企業のマッチングやスピーディーな事業展開を支援している。

■東京本社：東京都品川区西五反田 6-2-7 ウエストサイド五反田ビル 3F
TEL：03-5759-5066
■神戸本店：兵庫県神戸市中央区三宮町 1-4-9 ウエシマ本社ビル 5F
TEL：078-325-3303

ホームページ：http://www.bwg.co.jp

アジアブリッジサービスのご案内

　ブレインワークスグループは日本企業のアジアにおける事業推進の支援として「アジアビジネスブリッジサービス」を提供しております。日本からアジアへという一方向のみならず、アジアから日本に対しての情報発信サービスを充実させている点が特徴です。アジアの現地において、ビジネスを円滑に進めるためのスキームを用意し、成功に導きます。創業以来、アジアビジネスに関わり続けた当グループだからこそ実現できる企業支援メニューです。
　主に、日本企業へのアジア情報発信、アジア企業とのマッチング、そしてアジア現地における事業推進の支援を提供します。

サービスの詳細は以下のサイトでご紹介しています。
http://www.bwg.co.jp/bw/index.html

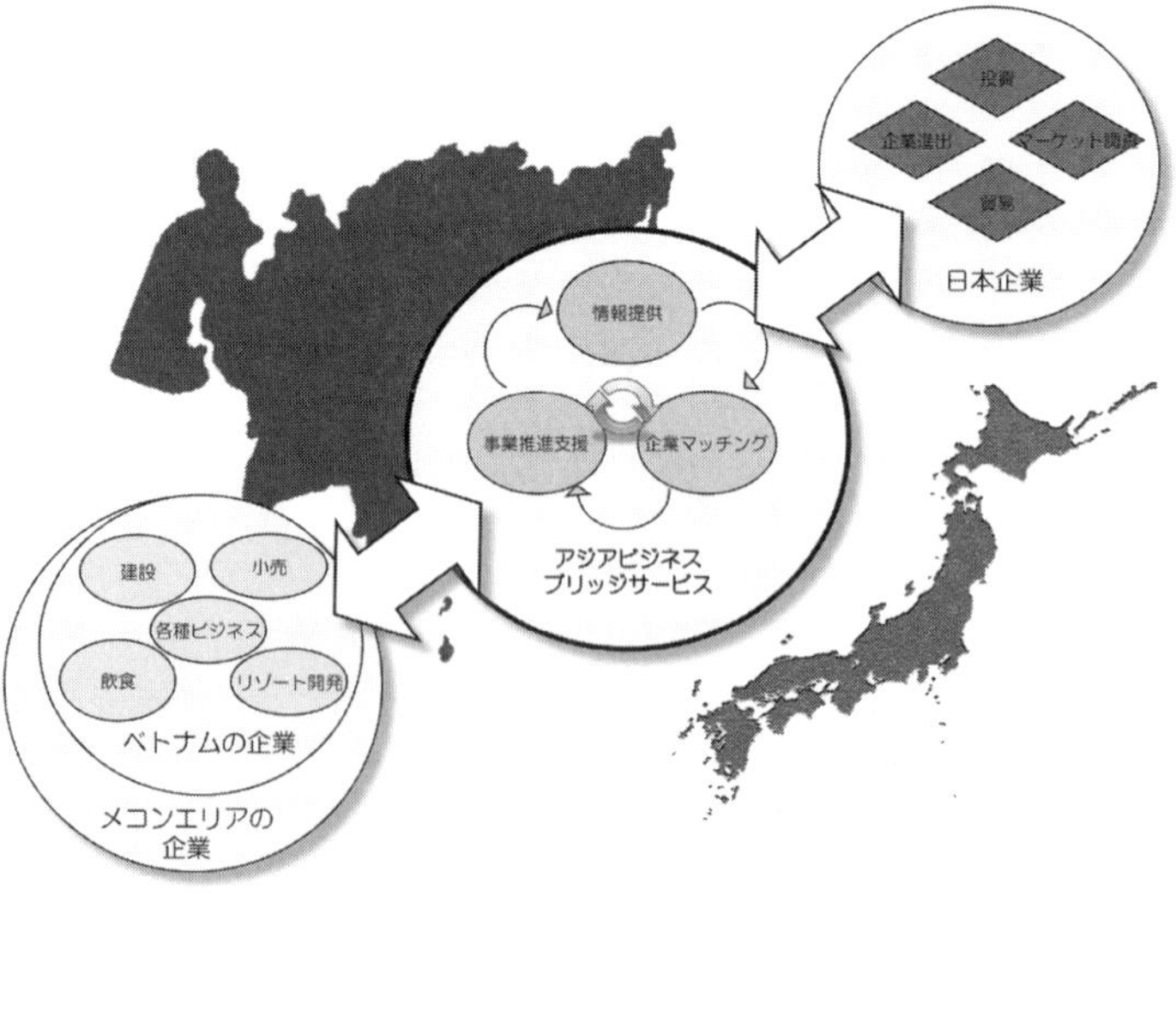

近藤 昇の情報発信

【twitter】
https://twitter.com/Noboru_Kondoh

【facebook】
http://www.facebook.com/noboru.kondoh.1

【ブログ】アジアを奔る
http://ameblo.jp/kondoh-blg/

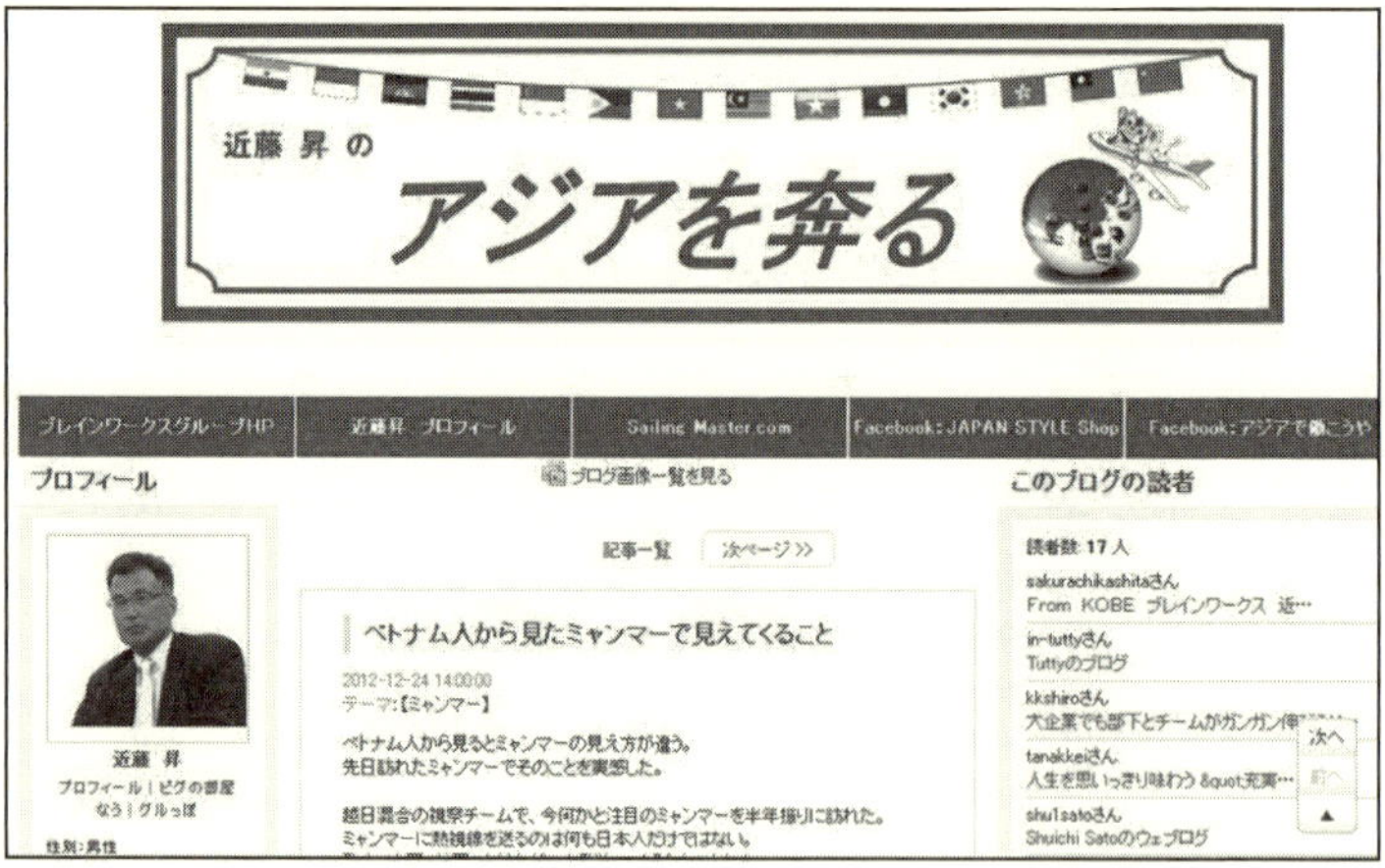

【ブログ】会社は社会の入口だ
http://ameblo.jp/kondoh-blg/

〈著者紹介〉

近藤　昇（こんどう・のぼる）

株式会社ブレインワークス 代表取締役。
1962年、徳島県生まれ。神戸大学工学部建築学科卒業。大手建設会社に入社後、システムエンジニアとして活躍。その後、31歳の時に株式会社ブレインワークスを設立する。中小企業の経営支援事業を展開し、幅広いサービスを提供する。講演、セミナー活動も積極的に行い、雑誌への寄稿や新聞等から取材なども多い。1990年代後半からベトナム・ホーチミン市に拠点を設立し、活動を開始。現在は、ベトナムを始めとするアジア各国への進出支援事業を展開し、アジア中を駆けめぐる毎日。主な著書に「だから中小企業のＩＴ化は失敗する」（インデックス・コミュニケーションズ）、「バカモン！ 一流ビジネスパーソンへの登竜門」（カナリア書房）、「アジアでビジネスチャンスをつかめ！」（カナリア書房）など。

だから中小企業のアジアビジネスは失敗する

初　版　　2013年2月14日［初版第1刷発行］

著　　者　近藤 昇

発行者　佐々木 紀行

発行所　株式会社カナリア書房
〒141-0031　東京都品川区西五反田6-2-7 ウエストサイド五反田ビル3F
TEL　03-5436-9701　FAX　03-3491-9699
http://www.canaria-book.com

印刷所　モリモト印刷株式会社

装　丁　新藤 昇

D T P　伏田 光宏（F's factory）

ISBN978-4-7782-0242-2 C0034

カナリア書房の書籍ご案内

日本式フランチャイズ・ビジネスの強み、
日本流ホスピタリティの強みを活かし、
アジアという広大なフロンティアへ飛び出そう！

アジアで飲食ビジネス
チャンスをつかめ！

ブレインワークス
アジアビジネスサポート事業部
アセンティア・ホールディングス
土屋 晃 著

2011 年 7 月 25 日刊行
定価 1400 円（税別）
ISBN 978-4-7782-0192-0

アジアではまだまだ外食マーケットは
開拓できる余地が残されている。
日本流飲食ビジネスの手法で果敢にチャレンジすべし！

カナリア書房の書籍ご案内

2008 年 7 月発刊
定価 2000 円（税別）
ISBN 978-4-7782-0075-6

ベトナム進出完全ガイド

会川精司 著

著者・会川氏は、1998 年から 2004 年までの 6 年間を総合商社のベトナム駐在員事務所長として、ベトナムの中小企業育成と日本企業の進出支援を手がけてきた。また、2004 年末からはベトナムに関する経営コンサルタントとして独立し、セミナー講演や個別相談に応じている。

本書は、会川氏のこれまでの経験から、ベトナムの投資環境の分析、失敗のない戦略的進出方法の解説から進出に当たっての物流・工場建設・労務・税務管理など、現地で的確な事業展開ができるための実務、かつ具体的な手引きとなっている。

中国プラスワンとして最も期待され、注目されるベトナムへの進出を検討している経営者、また、これからベトナムビジネスに携る人にとって有益な 1 冊。

2011 年 3 月 10 日発刊
定価 2000 円（税別）
ISBN 978-4-7782-0176-0

マレーシア進出完全ガイド

諸江　修 著

マレーシアは、東南アジアの中で決して日本との関係の薄い国ではありません。

実は、マレーシアは海外からの投資家にとって、非常に魅力的な国なのです。

著者の 20 年間にわたるマレーシア在住体験と、200 社を超える顧客のコンサルティングを行ってきた現場での経験をベースに、様々な情報をまとめました。

マレーシアへの進出をご検討されている方必読です。

カナリア書房の書籍ご案内

2009年6月19日発刊
定価 2000円（税別）
ISBN 978-4-7782-0104-3

インドネシア進出完全ガイド

黒田法律事務所 編著

**インドネシア進出をお考えの方に
ぜひ読んで頂きたい一冊！**

ターゲットインドネシア進出をお考えの方、海外投資に興味がある方
前半では、インドネシアの概要や投資環境としての魅力を
後半では、投資に関する関連法規を詳しくご紹介。
インドネシア進出と投資に関する疑問はこれで解決！

ＡＳＥＡＮ最新進出ガイド～ベトナム・タイ・インドネシア・ミャンマー編～
ＮＡＣ国際会計グループ 編著　2013年1月刊行　2000円（税別）　ISBN 978-4-7782-0244-6

フィリピン進出完全ガイド
坂本直弥 著　2013年1月刊行　2000円（税別）　ISBN 978-4-7782-0232-3

上海・華東進出完全ガイド 中国最新ＩＦＲＳ・移転価格・内部統制とサービス業種進出
ＮＡＣ国際会計グループ／ＮＡＣ名南（中国）コンサルティング 編著　2011年9月刊行　2000円（税別）　ISBN 978-4-7782-0199-9

マレーシア進出完全ガイド
諸江修 著　2011年3月刊行　2000円（税別）　ISBN 978-4-7782-0176-0

中国・華南進出完全ガイド
ＮＡＣ国際会計グループ 編著　2010年8月刊行　2000円（税別）　ISBN 978-4-7782-0157-9

香港・マカオ進出完全ガイド
ＮＡＣ国際会計グループ 編著　2010年2月刊行　2000円（税別）　ISBN 978-4-7782-0130-2

インドネシア進出完全ガイド
黒田法律事務所 編著　2009年6月刊行　2000円（税別）　ISBN 978-4-7782-0104-3

ベトナム進出完全ガイド　ベトナム最新事情と投資貿易実務
会川精司 著　2008年7月刊行　2000円（税別）　ISBN 978-4-7782-0075-6

カナリア書房の書籍ご案内

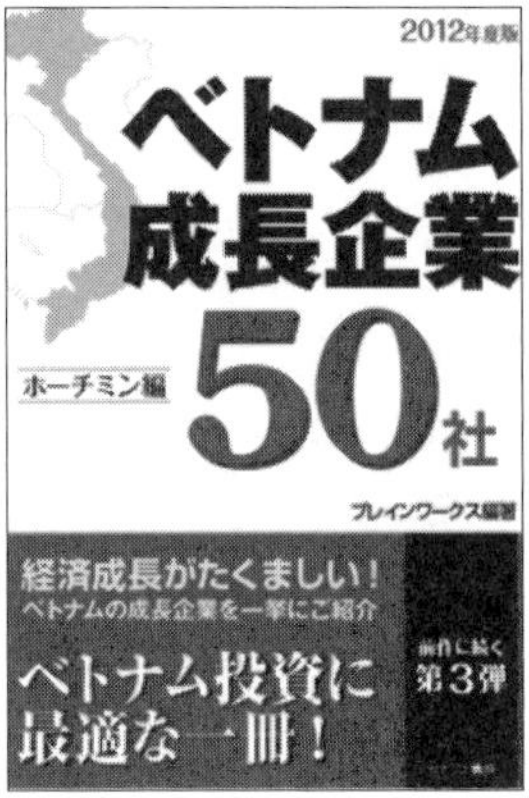

2012年6月5日発刊
定価 1800円（税別）
ISBN 978-4-7782-0203-3

ベトナム成長企業 50 社
ホーチミン編
2012年度版
ブレインワークス 編著

シリーズ最新刊、2012年版がついに発刊。ベトナム成長企業50社を一挙にご紹介！


経済成長が注目されるベトナム。

2008年から「ベトナム成長企業50社」と題して注目の成長企業を紹介するシリーズの最新刊。

2012年現在、今ホーチミンで活躍する企業を50社一挙に掲載。

事業投資先の検討や、これからベトナムでのビジネスを検討している企業にも必見の1冊です。

ミャンマー成長企業 50 社
ブレインワークス／上条詩郎 編著　2013年1月刊行　1800円（税別）　ISBN 978-4-7782-0241-5

ラオス成長企業
ブレインワークス／中川秀彦　2012年8月刊行　1800円（税別）　ISBN 978-4-7782-0228-6

ベトナム成長企業 50 社　ホーチミン編 2012 年度版
ブレインワークス 編著　2012年6月刊行　1800円（税別）　ISBN 978-4-7782-0203-3

中国成長企業 50 社　長江編
NET CHINA・ブレインワークス 編著　2011年11月刊行　1800円（税別）　ISBN 978-4-7782-0207-1

中国成長企業 50 社　華東編
NET CHINA・ブレインワークス 編著　2010年8月刊行　1800円（税別）　ISBN 978-4-7782-0152-4

ベトナム成長企業 50 社　2010 年度版 ホーチミン編
ブレインワークス 編著　2009年11月刊行　1800円（税別）　ISBN 978-4-7782-0120-3

ベトナム成長企業 50 社 - ハノイ版 -
ブレインワークス 編著 2008年4月刊行　1800円（税別）　ISBN 978-4-7782-0064-0

ベトナム成長企業 50 社 - ホーチミン版 -
ブレインワークス 編著 2007年11月刊行　1800円（税別）　ISBN 978-4-7782-0055-8

仕事の能率が劇的にアップする
会議のいろは

ブレインワークス 編著
2010 年 8 月 10 日発刊
定価 1000 円（税別）
ISBN 978-4-7782-0153-1
あなたの会社の会議は大丈夫？
意見がまとまらない、欠席者が多い…
これらを解決して、仕事の効率を
劇的にアップさせよう！

これだけは覚えておきたい
ヒューマンサービスの基礎知識

ブレインワークス 編著
2010 年 7 月 20 日発刊
定価 1000 円（税別）
ISBN 978-4-7782-0148-7
ビジネスマナーの基本が身につく
「ヒューマンブランドシリーズ」に
待望の応用編が登場 !!
今日からあなたもサービス向上を目指そう。

幹部になったら知っておきたい
マネージャー入門

ブレインワークス 編著
2011 年 8 月 30 日発刊
定価 1000 円（税別）
ISBN 978-4-7782-0198-2
マネージャーは究極の専門職。部下を育て、成果を上げる。幹部のあなたが今すべきことが、この 1 冊にまとまった。
マネージャーになったばかりの人だけでなく、あらためて仕事について振り返りたい人に贈る幹部入門書。

カナリア書房の書籍ご案内

日本の将来を背負う
若者に一喝！

一流ビジネスパーソンへの登竜門
バカモン！

近藤　昇 著

2007 年 3 月 20 日発刊
定価 1200 円（税別）
ISBN 978-4-7782-0040-4

著者が 20 年以上かけ、叱られることで
体得してきたビジネスの鉄則を凝縮。
これから社会人になる人は、
一流ビジネスパーソンを目指すなら本書を読め！
そして考える訓練をしろ！これがビジネス筋力を鍛える鉄則だ！